GYP
(COMTESSE DE MARTEL)

DIX-HUITIÈME ÉDITION

PARIS
CALMANN LÉVY, ÉDITEUR
3, RUE AUBER, 3
1899

CALMANN LÉVY, ÉDITEUR

DU MÊME AUTEUR

Format gr. in-18

PETIT BOB, 49ᵉ édition	1 volume
LA VERTU DE LA GAROHNE, 18ᵉ édition	1 —
CE QUE FEMME VEUT…? 18ᵉ édition	1 —
AUTOUR DU MARIAGE, 9¹ᵉ édition	1 —
LE MONDE A CÔTÉ, 22ᵉ édition	1 —
UN HOMME DÉLICAT, 32ᵉ édition	1 —
PLUME ET POIL, 17ᵉ édition	1 —
SANS VOILES, 18ᵉ édition	1 —
ELLES ET LUI, 11ᵉ édition	1 —
LE PLUS HEUREUX DE TOUS, 14ᵉ édition	1 —
SAC A PAPIER, 18ᵉ édition	1 —
A TOUR DE DIVORCE, 47ᵉ édition	1 —
JOIES CONJUGALES, 21ᵉ édition	1 —
POUR NE PAS L'ÊTRE! 14ᵉ édition	1 —
LES « SÉDUCTEURS »! 17ᵉ édition	1 —
PAUVRES P'TITES FEMMES!!! 18ᵉ édition	1 —
MADEMOISELLE LOULOU, 18ᵉ édition	1 —
PETIT BLEU, 17ᵉ édition	1 —
OUF! LES PSYCHOLOGUES!… 13ᵉ édition	1 —
MADEMOISELLE ***, 18ᵉ édition	1 —
A PROVINCE! 18ᵉ édition	1 —
L'ÉDUCATION D'UN PRINCE, 11ᵉ édition	1 —
C'EST NOUS QUI SONT L'HISTOIRE!!! 14ᵉ édition	1 —
OUF! LA GRANDE VIE!!! 12ᵉ édition	1 —
UN RATÉ, 15ᵉ édition	1 —
UNE PASSIONNETTE, 18ᵉ édition	1 —
MONSIEUR FRED, 18ᵉ édition	1 —
CES BONS DOCTEURS! 12ᵉ édition	1 —
MARIAGE CIVIL, 13ᵉ édition	1 —
MONSIEUR LE DUC, 18ᵉ édition	1 —
TANTE JOUJOU, 11ᵉ édition	1 —
PAS JALOUSE! 12ᵉ édition	1 —
MADAME LA DUCHESSE, 18ᵉ édition	1 —
LE 13ᵉ, 18ᵉ édition	1 —
LE MARIAGE DE CHIFFON, 53ᵉ édition	1 —
PROFESSIONAL-LOVER, 19ᵉ édition	1 —
LEURS AMES, 30ᵉ édition	1 —
LE CŒUR D'ARIANE, 20ᵉ édition	1 —
CES BONS NORMANDS!… 20ᵉ édition	1 —
LE BONHEUR DE GINETTE, 27ᵉ édition	1 —
BIJOU, 30ᵉ édition	1 —
EUX ET ELLE, 20ᵉ édition	1 —
JOIES D'AMOUR, 27ᵉ édition	1 —
LA FÉE SURPRISE, 21ᵉ édition	1 —
SPORTMANOMANIE, 15ᵉ édition	1 —
MIQUETTE, 24ᵉ édition	1 —
LUNE DE MIEL, 25ᵉ édition	1 —
MONSIEUR DE FOLLEUIL, 24ᵉ édition	1 —
LES CHASSEURS, illustrations de Crafty	1 —
PETIT BLEU, illustrations de Marold	1 —

CE QUE FEMME VEUT..?

DU MÊME AUTEUR
Format grand in-18.

PETIT BOB, 49ᵉ édition	1 vol.
LA VERTU DE LA BARONNE, 18ᵉ édition	1 —
CE QUE FEMME VEUT...! 17ᵉ édition	1 —
AUTOUR DU MARIAGE, 91ᵉ édition	1 —
LE MONDE A CÔTÉ, 22ᵉ édition	1 —
UN HOMME DÉLICAT, 22ᵉ édition	1 —
PLUME ET POIL, 17ᵉ édition	1 —
SANS VOILES, 18ᵉ édition	1 —
ELLES ET LUI, 19ᵉ édition	1 —
LE PLUS HEUREUX DE TOUS, 14ᵉ édition	1 —
SAC A PAPIER, 13ᵉ édition	1 —
AUTOUR DU DIVORCE, 47ᵉ édition	1 —
JOIES CONJUGALES, 21ᵉ édition	1 —
POUR NE PAS L'ÊTRE! 19ᵉ édition	1 —
LES « SÉDUCTEURS »! 17ᵉ édition	1 —
PAUVRES P'TITES FEMMES! 18ᵉ édition	1 —
MADEMOISELLE LOULOU, 19ᵉ édition	1 —
PETIT BLEU, 17ᵉ édition	1 —
OHÉ! LES PSYCHOLOGUES!... 13ᵉ édition	1 —
MADEMOISELLE ÈVE, 16ᵉ édition	1 —
Ô PROVINCE! 14ᵉ édition	1 —
L'ÉDUCATION D'UN PRINCE, 11ᵉ édition	1 —
C'EST NOUS QUI SONT L'HISTOIRE!!! 14ᵉ édition	1 —
OHÉ! LA GRANDE VIE!! 12ᵉ édition	1 —
UN RATÉ, 15ᵉ édition!	1 —
UNE PASSIONNETTE, 18ᵉ édition	1 —
MONSIEUR FRED, 18ᵉ édition	1 —
CES BONS DOCTEURS! 22ᵉ édition	1 —
MARIAGE CIVIL, 13ᵉ édition	1 —
MONSIEUR LE DUC, 16ᵉ édition	1 —
TANTE JOUJOU, 19ᵉ édition	1 —
PAS JALOUSE, 21ᵉ édition	1 —
MADAME LA DUCHESSE, 18ᵉ édition	1 —
LE 13ᵉ, 18ᵉ édition	1 —
LE MARIAGE DE CHIFFON, 49ᵉ édition	1 —
PROFESSIONAL-LOVER, 19ᵉ édition	1 —
LEURS AMES, 26ᵉ édition	1 —
LE CŒUR D'ARIANE, 20ᵉ édition	1 —
CES BONS NORMANDS! 20ᵉ édition	1 —
LE BONHEUR DE GINETTE, 27ᵉ édition	1 —
BIJOU, 30ᵉ édition	1 —
EUX ET ELLE, 20ᵉ édition	1 —
JOIES D'AMOUR, 27ᵉ édition	1 —
LA FÉE SURPRISE, 24ᵉ édition	1 —
SPORTMANOMANIE, 15ᵉ édition	1 —
MIQUETTE, 24ᵉ édition	1 —
LUNE DE MIEL, 24ᵉ édition	1 —

Éditions illustrées.

LES CHASSEURS, illustrations de Crafty	1 —
PETIT BLEU, illustrations de Marold	1 —

ÉMILE COLIN — IMPRIMERIE DE LAGNY

CE QUE
FEMME VEUT..?

PAR

GYP
(COMTESSE DE MARTEL)

DIX-HUITIÈME ÉDITION

PARIS
CALMANN LÉVY, ÉDITEUR
3, RUE AUBER, 3

1899

Droits de reproduction et de traduction réservés.

CE QUE FEMME VEUT...?

I

Rue du Cirque, devant la porte de l'hôtel de Seyrieux.
PAUL. — Trente ans. De taille moyenne; remarquablement beau; grands yeux noirs un peu bébêtes, mais caressants et veloutés; cheveux bruns; favoris blonds; teint de jolie femme; élégance irréprochable.
Fermant la porte avec colère :

— Elle est irritante à la fin, cette madame de Seyrieux, avec ses principes!... Au commencement, je croyais que c'était de la pose; mais pas du tout, c'est pour de bon !... Comment! je lui gagne une philippine, je lui demande bien modestement une pauvre petite tasse de thé à neuf heures, ce soir, et elle me refuse! Ah bien! si les femmes se mettent à être vertueuses à présent, ce sera gai!... Il est vrai que j'ai été gâté... Je n'ai jamais rencontré de résistance bien sérieuse... Je n'avais guère qu'à me montrer, et avec trois ou quatre petites phrases... toujours les mêmes... l'affaire était dans le sac... Ici, pas du tout... J'ai placé mes petites phrases, accompagnées de quantité de regards brûlants... et ça n'avance pas seulement d'un cran... Positivement, il lui faut autre chose, à celle-là... Je ne suis pas un beau parleur, moi, et je ne parviendrai jamais à vaincre ses scrupules... car ce sont ses scrupules qui l'arrêtent... pas autre chose... Il est évident que je lui plais...

Au coin de l'avenue Gabriel, il se jette en marchant dans le gilet de Pierre qui vient en sens inverse.

PIERRE. — Trente-neuf ans. Très grand. Un tantinet dégingandé. Teint assez coloré; cheveux et barbe tirant sur le roux; air spirituel, mais pas « joli » du tout...

— Sacr... Tiens, c'est vous !... où courez-vous donc de ce train-là ?... on vous croirait poursuivi...

PAUL. — Mon Dieu, non; je sors de chez madame de Seyrieux et je rentre chez moi; vous voyez que...

PIERRE. — Ah!... j'y vais, moi, chez madame de Seyrieux; est-ce qu'il y a beaucoup d'habitués, aujourd'hui ?

PAUL. — Quand je l'ai quittée, elle était seule.

PIERRE, *étonné*. — Et vous êtes parti?

PAUL. — Dame! j'étais là depuis trois quarts d'heure... J'avais un peu épuisé les sujets de conversation... Je ne sais que lui dire, moi, à madame de Seyrieux...

Pierre. — On voit bien que vous n'êtes pas amoureux d'elle.

Paul, *surpris*.— Est-ce que vous l'êtes, vous?

Pierre. — Ah! je crois bien!... Il y a longtemps!... Elle est si fine, si élégante, si adorablement jolie!... Et intelligente avec cela. Ah! celui qui se fera aimer de cette femme-là sera bien heureux!... Mais, jusqu'à présent, elle ne semble pas se presser de...

Paul. — Elle veut peut-être se remarier?

Pierre. — Mais non. Seyrieux lui a laissé toute sa fortune, qui est considérable, à condition qu'elle ne se remarierait pas; si elle ne respecte pas sa volonté, la fortune retourne aux héritiers naturels... Vous comprenez bien qu'elle n'ira pas perdre cent cinquante mille francs de rente pour le seul plaisir de changer de nom, car, après tout, rien ne l'empêche de faire... le reste...

Paul. — Oh! elle est vertueuse!...

Pierre, *haussant les épaules*. — Vertueuse! allons donc! Est-ce qu'il y a des femmes vertueuses? Jamais de la vie. Il y a des femmes bien ou mal disposées, voilà tout.

Paul. — Cependant...

Pierre.— Croyez-vous que madame de Seyrieux,

jolie, lancée comme elle l'est, va jeûner éternellement? Eh! non! Soyez sûr que déjà sa solitude lui pèse et qu'elle songe à la peupler,... d'un seul, pour commencer. La croyez-vous assez folle, assez ennemie d'elle-même pour se condamner à vingt-huit ans à vivre comme une femme de soixante? et encore il y a bien des femmes de soixante ans qui... Enfin ne nous appesantissons pas là-dessus...

Paul. — Si on pouvait lui faire entendre raison...

Pierre. — Que n avez-vous essayé, vous, à qui nulle ne résiste?

Paul. — Oh! moi je n'ai qu'un goût modéré pour les places trop bien défendues, et celle-là est toujours sur le qui-vive. Imaginez-vous que je lui ai gagné une philippine; nous avions parié une discrétion; je lui demande une tasse de thé à neuf heures, en tête-à-tête; cela n'a rien de bien extravagant, n'est-ce pas! Eh bien, elle n'a jamais voulu en entendre parler; et comme au fond ça m'est bien égal, je n'ai pas insisté.

Pierre. — Une femme qui a des yeux pareils serait toujours... insensible?... Ce n'est pas possible... Elle comprendra que la vie est courte et doit être bien employée, que les principes sont une belle institution, mais qu'ils ne suffisent pas à faire le bonheur, que...

Paul. — Mais pourquoi ne lui dites-vous pas tout cela?

Pierre. — Pourquoi? pourquoi? Parce que, quand je vais la voir, elle est toujours flanquée de deux ou trois imbéciles qui me gênent... Ah! elle ne choisit pas ses relations parmi les gens d'esprit... saperlotte!... Il faut croire que ses idées personnelles lui suffisent, car ce ne sont pas les habitués de ses cinq heures qui lui en infuseront, bien sûr. Mais je file pour profiter de l'instant où elle est seule!... Au revoir!

Paul. — Au revoir, et bonne chance!

Pierre, *montant l'escalier*. — Grand bêta! Comme on voit bien tout de suite que c'est un des habitués!... Il croit qu'il n'a qu'à montrer sa jolie figure de cire pour qu'on lui tombe dans les bras. Madame de Seyrieux n'est pas de cette pâte-là! Il y a encore des femmes qui ne considèrent pas la beauté plastique comme absolument nécessaire au bonheur! Le beau Paul en sera pour ses effets de torse et ses yeux en coulisse... Je n'en ai jamais vu un pareil, ma parole! Avant d'entrer dans un salon, il se pince les oreilles pendant cinq minutes, ça les rend roses, les oreilles, et les mains blanchissent par la position verticale qui en chasse le sang... Si ça ne fait pas bondir! Il est piqué de n'avoir pas réussi... et dit que madame de Seyrieux est vertueuse!... C'est un comble! le comble de l'outrecuidance! (*Il sonne à la porte de l'hôtel.*) Tâchons surtout d'être éloquent. (*Il entre et monte l'escalier.*) Je ne l'ennuie pas, c'est certain. Mais ce qui me gêne, c'est que j'en suis amoureux pour de vrai... ça paralyse mes effets. Je la regarde et puis je ne sais plus ce que je dis... Ah! si je ne l'aimais pas, ce serait bien différent! (*Il enlève son paletot et entre.*)

II

Chez madame de Seyrieux.

Madame de Seyrieux. — Vingt-huit ans. Brune, mince, très jolie. Cheveux en frange lisse sur le front ; sourcils noirs et touffus se rejoignant presque à la racine du nez ; soupçon de favoris et de moustaches ; yeux brillants, bouche gourmande, teint mat.

Madame de Seyrieux, *tendant la main à Pierre.* — Enfin ! c'est donc vous ! Qu'il y a longtemps que vous n'êtes venu !...

Pierre. — Il y a toujours tant de monde chez vous que...

Madame de Seyrieux. — Quel mauvais prétexte !... Dites donc tout simplement : « J'ai oublié de venir », ce sera la vérité et je ne me fâcherai pas...

Pierre. — Vous savez bien que...

Madame de Seyrieux. — Je sais que quand je passe huit jours sans causer avec vous, je suis toute désorientée. C'est vous qui me racontez un tas de petites nouvelles, qui me tenez au courant de tout, et cela avec votre manière de dire originale qui m'amuse infiniment... et qui me change des autres...

Pierre. — Ah! merci pour cette bonne parole; vous ne sauriez croire ce qu'elle m'est douce à entendre!... Alors, ils ne vous amusent donc pas, les autres?

Madame de Seyrieux. — M'amuser! ah! votre question n'est pas polie!

Pierre. — Pourquoi les recevez-vous?

Madame de Seyrieux. — Pourquoi? Parce que je les connais et que je ne puis pas les mettre à la porte... D'ailleurs, si on ne voulait admettre chez soi que des gens amusants, il faudrait se résoudre à ne voir personne.

Pierre. — Je viens de rencontrer Paul; il m'a dit qu'il sortait de chez vous; c'est un de vos fidèles?...

Madame de Seyrieux. — Oui. Charmant garçon, n'est-ce pas?

Pierre, *vaguement inquiet*. — Oh! pour ce qui est d'être joli, il n'a pas son pareil.

Madame de Seyrieux. — En disant « charmant », je ne parlais pas uniquement de son physique...

Pierre, *jouant la candeur*. — En vérité? De quoi donc parliez-vous, alors?

Madame de Seyrieux, *riant*. — Vous avez raison, il n'est que joli homme et, malheureusement... pour lui, cela ne suffit pas toujours...

Pierre, *rassuré*. — Ah! vous trouvez aussi que..

Madame de Seyrieux. — Que c'est beaucoup, mais pas assez.

Pierre. — Il est bête, hein?

Madame de Seyrieux. — Oui.

Pierre. — Il vous a fait la cour, je parie?

Madame de Seyrieux. — Oui, si les phrases de mirliton qu'il récite peuvent s'interpréter de la sorte. D'ailleurs, tout le monde me fait la cour, à moi. Songez donc quel morceau de roi je suis! Une veuve à laquelle il est formellement interdit de se remarier! Quelle sécurité!

Pierre, *suivant son idée*. — Enfin, vous l'avez envoyé promener?

Madame de Seyrieux. — Vous savez bien que j'envoie promener tout le monde.

Pierre. — Vous avez tort.

Madame de Seyrieux. — Vraiment? C'est vous qui m'en blâmez, vous qui passez votre vie à critiquer la conduite des femmes, qui prétendez qu'il n'existe pas de femmes vertueuses! J'aurais cru, moi, que le jour où vous avez la chance de rencontrer ce phénix que vous niez, vous seriez heureux de votre découverte!

Pierre. — Comme vous exagérez tout! Je ne me refuse nullement à croire à la vertu des femmes... laides ou malades !... Il est vrai que je blâme parfois les... gaietés dont plusieurs de vos bonnes amies agrémentent leur existence, avec une désinvolture un peu excessive, à mon avis ; mais jamais vous ne m'avez vu sévère pour celles qui subissent la loi naturelle et qui...

Madame de Seyrieux, *avec intérêt*. — Et la loi naturelle est, selon vous, d'avoir des amants?

Pierre. — Parbleu! Certainement c'est d'avoir des... c'est-à-dire *un* amant... je n'en demande pas davantage.

Madame de Seyrieux. — Vraiment? En sorte qu'une femme qui prend... l'objet en question, ne diminue pas de valeur à vos yeux?

Pierre. — Au contraire! Mais pourquoi me demandez-vous tout ça?... Que vous importe ce que je pense?

Madame de Seyrieux. — Cela m'importe beaucoup plus que vous ne le croyez...

Pierre, *s'asseyant sur un siège bas plus rapproché d'elle*. — Comment! vous attachez quelque importance à...?

Madame de Seyrieux. — A votre opinion ! Mais sans doute. Vous êtes un homme d'esprit...

Pierre, *modeste*. — Oh !...

MADAME DE SEYRIEUX, *continuant*. — Vous n'avez plus vingt-cinq ans...

PIERRE. — Hélas!

MADAME DE SEYRIEUX. — Ah! ne le regrettez pas! la génération qui vous suit ne vous vaut pas... (*Mouvement joyeux de Pierre.*) intellectuellement... Ils sont nuls, ignorants, insignifiants, tous ces petits jeunes gens! et surtout coulés dans un même moule, comme langage, tenue, costume, habitudes, etc., etc. Qui en connaît un en connaît cent.

PIERRE, *radieux*. — Il est vrai que...

MADAME DE SEYRIEUX, *reprenant*. — Donc, votre opinion étant celle d'un homme fait...

PIERRE. — Ah! pourquoi insistez-vous tant là-dessus?

MADAME DE SEYRIEUX. — Parce que c'est le grand mérite de cette opinion à laquelle je tiens infiniment...

PIERRE. — Vous me comblez...

MADAME DE SEYRIEUX. — Je vous crois une certaine affection pour moi...

PIERRE, *se rapprochant de plus en plus*. — Dites un culte... Je vous adore, vous le savez bien...

MADAME DE SEYRIEUX. — Oh! ne parlons pas de cela...

PIERRE. — Parlons-en, au contraire, car je ne suis pas venu pour autre chose... Oui, madame, quoique vous sachiez à merveille à quoi vous en tenir à ce sujet, je vais vous faire une déclaration en règle... Oh! vous ne m'empêcherez pas de parler... Je suis lancé. Eh bien! oui, je vous adore, et depuis longtemps même... depuis au moins six mois! J'ai essayé de ne plus penser à vous, parce que ça m'ennuie d'aimer quelqu'un si fort que ça... J'ai voyagé, j'ai joué, je me suis remis à faire des bêtises... Ç'a été très dur, j'en avais tout à fait perdu l'habitude; j'ai mangé beaucoup d'argent, je suis tombé malade, tout ça pour vous revenir aujourd'hui plus bêtement amoureux que jamais.

Madame de Seyrieux, *étonnée*. — Que vous êtes bizarre!...

Pierre. — Vous appelez cela bizarre, moi j'appelle cela stupide... donner son cœur...

Madame de Seyrieux. — Oh! son cœur...

Pierre. — Oui, madame, son cœur, et un cœur encore très présentable, très bien conservé, je vous assure; le donner à une coquette...

Madame de Seyrieux. — Ah! permettez, je ne suis pas coquette...

Pierre, *levant les yeux au ciel*. — Pas coquette! mais vous l'êtes jusqu'aux moelles, vous...

Madame de Seyrieux. — Dans tous les cas, je croyais ne l'avoir jamais été pour vous...

Pierre, *vexé*. — C'est parfaitement exact. (*Redevenant doux.*) Eh bien! puisque vous n'avez rien à craindre de moi, laissez-vous aimer... seulement... Je ne demande que cela... ce n'est pas être bien exigeant... Je vous aime si tendrement... C'est bon l'amour... je vous assure... Vous ne l'avez jamais connu...

Madame de Seyrieux. — Qu'en savez-vous?

Pierre. — Je connaissais Seyrieux!!! Pauvre garçon!!! Je ne lui veux pas de mal, à présent surtout... mais enfin, je suis bien sûr que ce n'est pas lui qui... et à moins que depuis...

Madame de Seyrieux. — Voilà que vous devenez impertinent; c'est complet!

Pierre. — Pardon! je sais que vous êtes un ange... et c'est précisément cela que j'adore en vous, autant que votre beauté... C'est si rare, les femmes de votre espèce!... Depuis la guerre, on n'en voit plus...

Madame de Seyrieux. — Vous divaguez à présent.

Pierre. — Pas du tout, ça a l'air bête comme ça, ce que je dis, au premier abord; mais en réfléchissant un instant, vous allez voir combien c'est judicieux. Autrefois on s'amusait, on menait ce qu'on appelait alors la vie à outrance, et cette vie-là était si mouvementée, si absorbante, qu'on n'avait pas un instant à donner au reste. A présent, au contraire, le calme, le calme plat! Rien à faire, rien à voir, rien à organiser ; alors, on accorde aux plaisirs... défendus tout le temps qu'on consacrait jadis aux autres...

Madame de Seyrieux, *distraite*. — Il est vrai que parfois je m'ennuie cruellement...

Pierre, *joyeux*. — Ah! n'est-ce pas?

Madame de Seyrieux, *revenant à elle*. — Mais qui me dit qu'autre chose m'amuserait!

Pierre. — Moi, je vous le dis, je vous l'affirme. Il ne coûte rien d'essayer...

Madame de Seyrieux. — Hein?

Pierre. — Un amour vrai, vous enveloppant sans vous importuner!... Avoir un être à soi, à ses ordres... qui ne songe qu'à vous faire la vie gaie, douce, facile; n'avoir qu'un signe à faire pour être obéie. Est-ce que vous ne rêvez jamais cela? Est-ce que vous ne croyez pas qu'à deux les heures s'écouleraient rapides?... Comment! jamais on ne vous a dit tout cela? Jamais vous n'avez écouté ceux qui vous parlaient d'amour?

Madame de Seyrieux, *distraite et les yeux baissés*. — Peut-être les aurais-je écoutés, s'ils avaient parlé comme vous.

Pierre, *surpris*. — Vrai?

Madame de Seyrieux, *sans le regarder*. — Oui. Vous me dites d'une voix chaude des paroles autres que les refrains banals auxquels je suis accoutumée. Je vous entends... Encore un peu, je vous comprendrais...

Pierre, *lui prenant la main.* — Ah! que je vous aime! Que vous êtes adorable, et bonne, et jolie! Regardez-moi... je vous en prie...

Madame de Seyrieux, *sans le regarder et se parlant à elle-même.* — Et pourquoi pas?

Pierre, *baisant la main qu'il tient toujours.* — Pourquoi pas, en effet? C'est si bon de se laisser aimer... Je voudrais vous prendre, vous emporter, vous cacher à tous... Vous êtes émue?... Ah! dites-moi quelque chose... (*Madame de Seyrieux semble agitée, elle écoute, les yeux toujours fermés.*) Regardez-moi... Parlez-moi, je vous en supplie... (*Il couvre de baisers la main et le bras.*) Je vous adore... je suis fou... Jane... entendez-moi... répondez-moi...

Madame de Seyrieux *ouvre enfin les yeux et semble sortir d'un rêve ; elle est pâle et émue.* — Laissez-moi, mon ami, laissez-moi!...

Pierre. — Comment, vous laisser?...

Madame de Seyrieux, *se levant.* — Oui... Vraiment je suis fatiguée, souffrante, je désire me reposer... Et puis, voyez, il est sept heures et demie... Que penserait-on d'une plus longue visite? Je dîne à sept heures, vous le savez... Adieu, mon ami... Adieu... A un de ces jours, n'est-ce pas?...

Elle le pousse doucement vers la porte. Pierre, ahuri, sort sans rien comprendre à ce changement subit.

Dès qu'il est parti, madame de Seyrieux s'assoit à une petite table et écrit :

III

Vicomte Paul de X..., avenue des Champs-Élysées.

J'ai réfléchi; venez, votre tasse de thé vous attend.

JANE.

LE GARDENIA

I

Joyeuse passe, à tort ou à raison, pour être l'homme le plus « chic » de Paris ; aussi, l'annonce de son arrivée à la Vieille-Roche produisit-elle une véritable sensation parmi l'élément féminin. Ces messieurs restèrent infiniment plus calmes ; plusieurs d'entre eux détestaient cordialement le joli vicomte, les autres ne l'aimaient guère, Joyeuse étant un de ces types que les hommes ont volontiers « dans le nez ».

C'est qu'on ne s'amuse pas follement à la Vieille Roche, et, en dépit des efforts de cette excellente marquise, qui se met en quatre pour amuser ses invités, le besoin d'une distraction quelconque se faisait vivement sentir. Les deux dernières soirées avaient été longues, longues, à tel point qu'on avait demandé à madame de Vyelgarde de chanter quelque chose; et pour en être réduit à cette extrémité, il faut vraiment ne plus savoir que faire.

Les hôtes de madame de Vieille-Roche ne sont pourtant pas particulièrement ennuyeux; c'est : le baron et la baronne de Flirt, M. de Beylair, Xaintrailles, madame de Vyelgarde, les Pondor, le général de Belpoygne, Bernard et les Valtanant; mais la marquise trouvait que cela manquait « d'hommes séduisants ». Selon elle, une saison de chasse qui n'est pas égayée par quelques petites intrigues est une saison « ratée ». Or, M. de Beylair est vieux, Xaintrailles n'est plus jeune, Bernard l'est trop, et le général est hors cadre. Jusqu'à présent, pas la moindre intrigue n'avait été ébauchée. Ces dames s'habillaient à peine, et les petits « coins » organisés dans le grand salon par la prévoyante maîtresse de maison dans le but d'encourager une douce flirtation, restaient vides et silencieux; heureusement, la présence de Joyeuse allait modifier tout cela.

En effet, le lendemain du jour où elle avait annoncé à ses invitées l'arrivée du vicomte, madame de Vieille-Roche put, en jetant un coup d'œil sur les lettres qui attendaient la venue du facteur, se convaincre que mesdames de Pondor, de Flirt, de Vyelgarde et de Valtanant avaient toutes les quatre écrit à leurs couturières : c'était bon signe!

La Vieille-Roche alllait donc enfin reprendre

l'aspect coquet et animé que la bonne marquise aimait tant.

C'est que les imaginations galopaient à bride abattue; ces dames savaient fort bien que jamais Joyeuse ne gaspillait inutilement son temps infiniment précieux. Chaque déplacement abritait une espérance, sinon une réalité; donc, s'il venait à la Vieille-Roche, c'était pour y rejoindre quelqu'un; mais laquelle?

Madame de Pondor, en regardant avec satisfaction son joli petit minois de chatte ébouriffée, pensait que ce pouvait bien être sa présence qui amenait le vicomte.

Madame de Vyelgarde espérait. Les vieux soldats ont toujours foi en la victoire.

Madame de Valtanant se disait, dans sa radieuse bêtise, qu'étant plus régulièrement belle et de meilleure noblesse que les autres, elle devait forcément les écraser.

Seule, Rosine de Flirt était absolument calme et indifférente.

Madame de Flirt est mignonne, drôlette, tournée en nymphe de Clodion et adorablement jolie.

Profondément coquette, elle a pour devise : « Ne rebuter personne... au commencement », en sorte qu'elle a toujours deux ou trois amoureux sur la planche. Grâce à son caractère rieur et à son esprit porté à saisir les petits côtés ridicules de chacun, les roucoulements auxquels elle s'abandonne un instant finissent toujours par un éclat de rire. Cette fois, cependant, elle se sentait disposée à écouter Joyeuse presque sérieusement.

Au déjeuner, ces dames semblèrent sortir de leur somnolence habituelle. Ces messieurs, au contraire, furent plus grincheux et plus absorbés que de coutume.

Les célibataires songeaient qu'ils allaient être complètement éclipsés ; les trois maris réfléchissaient tristement que c'était fini de la douce quiétude dans laquelle ils avaient vécu jusque-là ; et leurs regards se posaient avec bienveillance et regret sur les cheveux trop noirs de M. de Beylair, le crâne luisant du général, le front légèrement déplumé de Xaintrailles et la bonne frimousse rassurante et rose de Bernard.

Au moins, ceux-là étaient sans conséquence. On partait chasser tranquillement durant de longues heures, sans appréhensions fâcheuses au retour ; M. de Flirt surtout tenait à promener en paix un cheval impossible, que lui seul pouvait conduire et auquel il tenait énormément. C'était un superbe modèle de cheval, gris moucheté de noir ; unique peut-être, comme robe et surtout comme méchanceté. Quand il n'était pas sorti pendant trois heures chaque jour, il démolissait l'écurie et les hommes chargés de le soigner. M. de Flirt, qui ne se séparait jamais de ce précieux animal, l'avait naturellement amené à la Vieille-Roche, où il inspirait à la bonne marquise une admiration mêlée de terreur.

L'excellente femme a un culte profond pour ce qui est beau et élégant; elle trouve que tout est permis à ceux qui possèdent ces inappréciables dons du ciel. Cette tolérance, qui l'a quelquefois entraînée un peu loin dans sa jeunesse, est à présent sans aucun danger. Elle se sent pleine d'indulgence pour les défauts de ceux qui sont beaux et toute disposée à passer sur les inconvénients de ce qui est élégant ou joli. C'est en vertu de ce principe qu'elle pardonne au cheval de M. de Flirt de faire un écart au milieu des corbeilles de gloxynias ombrés qu'elle adore. Lorsqu'il consent à en ressortir, il fait un si bel effet attelé au cabriolet, et stationnant devant le perron!

II

A six heures, l'omnibus ramena Joyeuse suivi de trois gigantesques malles.

Le vicomte était vêtu d'un charmant costume de voyage, un peu fantaisiste, mais comme il faut, néanmoins. Et quelles malles! des merveilles, en cuir du Levant, à ferrures artistiques, et sur chacune un grand chiffre couronné en argent ciselé! Et le nécessaire de toilette dans son écrin de peau de crocodile également chiffré! Et la tournure du valet de chambre qui portait ce précieux objet! C'était vraiment superbe d'élégance et de correction. Ces dames, qui s'habillaient, coururent à leurs fenêtres, et, cachées derrière leurs rideaux, assistèrent, pâmées d'admiration, aux moindres détails du déballage, ce qui ne les empêcha pas, lorsqu'une heure plus tard elles descendirent au salon, d'apprendre avec étonnement que M. de Joyeuse était arrivé.

Bientôt Joyeuse lui-même parut, soignant comme toujours son entrée. Il baisa respectueusement la main de la marquise, la remerciant d'une phrase courte et bien tournée d'avoir pensé à lui.

Excellente idée de rajeunir la vieille habitude de baiser la main, à condition, toutefois, qu'on soit distingué. Si on a l'air d'un porteur d'eau, l'effet est désastreux. Joyeuse possède exactement le physique voulu et il sait baiser la main, ce qui n'est pas si facile qu'on croit. Il se courbe profondément, de façon à former un angle droit qui dessine agréablement sa taille souple; prend du bout des doigts la main qu'on lui abandonne (toujours avec plaisir), et la pose discrètement contre ses lèvres. Rien n'est plus ridicule que le baiser qui *claque*. Le général et Bernard embrassent les mains comme ça, c'est révoltant!

Joyeuse promena ensuite autour de lui ce regard à la fois audacieux et caressant, qui file entre les cils et semble demander pardon des ravages involontaires qu'il va exercer; puis il se dirigea vers madame de Valtanant, à laquelle il fit un salut sérieux, les épaules hautes, les talons serrés.

Madame de Pondor fut saluée du même mouvement, mais à l'air glacial succéda un demi-sourire.

A madame de Vyelgarde il dit un de ces bonjours incertains qui hésitent entre le tutoiement et l'assurance du plus profond respect, et termina par madame de Flirt à laquelle il serra amicalement la main.

Madame de Vieille-Roche n'en revenait pas! A la bonne heure! Et on dit que les jolies manières sont perdues! Vraiment si on mettait à ce beau garçon un habit de satin changeant, des dentelles et des talons rouges, il ferait aussi bonne figure que n'importe quel marquis du grand siècle!

L'enthousiasme de la douairière était partagé par les jeunes femmes; et, de fait, Joyeuse est digne d'attirer l'attention.

Remarquablement joli garçon, sa beauté a un caractère étrange qui provient tout simplement de la différence de teinte entre ses moustaches et ses cheveux. Tandis que les cheveux sont d'un blond à la fois chaud et cendré, les moustaches sont d'un noir d'enfer. Les cheveux ondulent, ils boucleraient même si on les laissait à leur inspiration; les moustaches, au contraire, sont lisses et soyeuses, et se soulèvent au moindre souffle. Le teint est ambré, les yeux d'un bleu sombre, voilés de longs cils blonds, les sourcils noirs, fins et droits, et la bouche rouge et épaisse traduit d'une façon saisissante les moindres sensations de... l'âme.

Est-ce à dire que Joyeuse soit parfait?

Non. Et ceux qui, comme les trois maris, par exemple, le contemplent sans parti pris d'admiration, s'aperçoivent que le nez est un peu gros, les oreilles mal ourlées ; les mains, prodigieusement soignées à la « Pâte des Prélats », sont lourdes et épaisses ; les ongles, polis à l'agate, conservent malgré tout des taches opaques, et les pieds, merveilleusement chaussés, accusent çà et là des reliefs défectueux.

Dans tous les cas, tel qu'il est, Joyeuse est si continuellement saturé de bonnes fortunes, de passions, de caprices, etc., etc., qu'il lui prend parfois une envie folle de se mettre au vert, autrement dit de se marier.

En ce moment pourtant, il n'y songe guère. Il a pour Rosine de Flirt une fantaisie très accentuée, et s'il s'est décidé à venir s'ennuyer chez la bonne marquise, c'est qu'il éprouvait un bien vif désir de l'y retrouver.

Comme toujours, Joyeuse était irréprochable dans sa mise ; mais ce qui excita au plus haut point l'admiration de ces dames, ce fut la fraîcheur du gardenia qui s'épanouissait à sa boutonnière. C'est une fleur extrêmement délicate que le gardenia ; la moindre pression amène une tache jaunâtre sur ses feuilles d'un blanc velouté. Comment le gardenia du vicomte était-il aussi immaculé ! Il n'y avait que lui pour s'organiser ainsi !

Joyeuse recevait modestement l'averse de compliments qui pleuvait sur lui. Il avouait cette manie : il lui fallait son gardenia. Il lui était impossible, mais littéralement impossible de dîner sans gardenia. C'est à ce point que l'an dernier, il avait dû aller chasser au Sénégal avec plusieurs amis, mais la pensée d'être pendant trois ou quatre mois privé de sa fleur favorite l'avait, au dernier moment, décidé à renoncer à ce voyage. C'était une véritable faiblesse, un tic, une infirmité, mais c'était ainsi et il ne pouvait pas se corriger.

Tandis que ces messieurs se cramponnaient pour ne pas hausser les épaules, ces dames en extase contemplaient l'idole qui venait encore de grandir à leurs yeux. Ah! il n'y avait que « lui » qui comprît vraiment la vie!

III

Le soir, en montant l'escalier, Joyeuse demanda à Bernard à quelle heure venait le facteur.

— Vers onze heures et demie, au moment du déjeuner.

— Et le soir?

— Il ne vient pas le soir.

— Comment, s'écria Joyeuse, qui parut bouleversé, la poste ne vient pas à cinq ou six heures?

— Mais non.

— En vérité, c'est désolant!

— Si vous attendez un courrier important, dit Bernard, voyant la mine effarée du vicomte, il faut demander à ma tante d'envoyer chercher les lettres, elles arrivent à la station à cinq heures seulement et la distribution n'a lieu ici que le lendemain matin.

Le lendemain, après le déjeuner, pendant lequel il avait semblé très préoccupé, Joyeuse s'approcha de madame de Vieille-Roche et lui présenta sa requête.

Il attendait quelque chose au courrier de cinq heures... quelque chose de très important... qui... que...

— Mais, mon cher enfant, dit la marquise, qui, le voyant balbutier, crut aussitôt à quelque message amoureux, on ira vous les chercher, vos lettres ; je vais faire monter un homme à cheval, c'est simple comme bonjour...

— A cheval ! non pas! s'écria vivement Joyeuse c'est un paquet que j'attends et...

— Mais il n'est pas bien gros, votre paquet, puisqu'il vient par la poste! un homme à cheval le rapportera parfaitement.

— Ce n'est pas qu'il soit gros, madame, mais il est si fragile!... il ne peut être secoué... et vous comprenez que...

Et d'un geste il indiqua que le mouvement du trot nuirait au paquet.

Pensant que Joyeuse attendait des bonbons ou un bibelot quelconque, madame de Vieille-Roche n'insista pas et sortit pour donner l'ordre d'aller en voiture à la station.

Malheureusement le cocher expliqua qu'il était impossible d'envoyer une voiture au train de cinq heures. Le landau et la victoria étaient commandés pour trois heures pour aller à Pierrefonds. On ne serait pas de retour avant six heures. Les quatre chevaux de voiture étaient donc pris ; il ne restait que les chevaux de selle.

Pendant que la marquise et son cocher se livraient à toutes les combinaisons imaginables, M. de Flir traversait le vestibule ; l'idée d'utiliser sa promenade quotidienne vint aussitôt à l'esprit de la marquise. Un peu timidement elle hasarda sa requête.

— Mais comment donc! fit de Flirt, rien de si facile que de vous rapporter moi-même votre paquet, chère madame ; il faut, de toute façon, que je promène « Satan », et il m'est parfaitement indifférent d'aller à la gare ou ailleurs.

— Mais, dit madame de Vieille-Roche, est-ce que vous n'accompagnez pas ces dames ?

— Impossible! mon cheval ne supporte pas le voisinage des autres chevaux, excepté à Paris, parce qu'alors la quantité l'abrutit. Ailleurs, s'il est derrière, il s'emballe ; s'il est devant, il rétive. Il n'y faut pas songer.

— Dans ce cas, j'accepte avec reconnaissance ; c'est un petit paquet à prendre à la poste, tout simplement. Il ne doit surtout pas être secoué. Ah!... j'oubliais... il est adressé à « M. Baptiste ».

— M. Baptiste? interrogea M. de Flirt, surpris que la douairière de Vieille-Roche se fît envoyer des paquets à l'adresse de « M. Baptiste ».

La marquise hésita un instant.

— C'est, dit-elle enfin, le nom de mon ancien maître d'hôtel... et... les fournisseurs...

Elle ne voulait pas dire la vérité, elle se rendait compte que M. de Flirt ne se soucierait pas de faire les commissions de Joyeuse. Depuis la veille, elle avait deviné, grâce à son expérience de ces sortes de choses, que le vicomte n'était venu à la Vieille-Roche que pour y rencontrer la jolie petite baronne, laquelle, de son côté, ne semblait pas insensible à ce procédé. Comment d'ailleurs en eût-il été autrement? Quelle femme peut n'être pas fière d'attirer le beau Joyeuse? La pauvre petite Rosine était bien excusable; et certes, pour sa part, elle ne lui en voulait nullement; mais M. de Flirt pourrait bien n'être pas d'humeur aussi accommodante. Plusieurs fois, la veille, elle l'avait vu regarder furtivement sa femme et Joyeuse. Il était probable que son petit mensonge ne serait pas découvert. M. de Flirt vivait un peu dans les nuages; il ne saurait sans doute jamais que « M. Baptiste » était le superbe valet de chambre du vicomte, et de cette façon tout s'arrangerait à merveille.

IV

Le soir, Joyeuse et son gardenia firent leur apparition cinq minutes avant le dîner. Quant à M. de Flirt, rentré à sept heures et demie seulement, il était en retard et alla expliquer à madame de Vieille-Roche qu'il avait dû attendre le train.

Après dîner, Joyeuse, entouré de ces dames, se mit à raconter des histoires un peu trop gaies, même au goût de la marquise, qui, pourtant, a la manche large. Toutes buvaient ses paroles. Quant à ces messieurs, nulle ne s'inquiéta d'eux, et ils purent sommeiller à loisir dans les petits coins de la bonne marquise. Le général essaya bien de faire observer que quand il en disait le quart de ce que racontait Joyeuse, on lui imposait immédiatement silence, à quoi M. de Flirt répondit que le physique et la réputation du vicomte lui assuraient toutes les immunités, autrement dit que, quand on est tourné en Apollon, on peut se permettre bien des choses que soixante ans et un nez en pied de marmite interdisent formellement.

Le lendemain, Joyeuse avoua à madame d Vieille-Roche que, tous les jours, il aurait besoin de son petit paquet; celle-ci, tout en devinant de quoi il s'agissait, s'adressa à M. de Flirt. Ne lui avait-il pas dit « qu'il était obligé de promener son cheval quand même, et qu'aller ici ou là lui était parfaitement égal? » Sa conscience pouvait donc être tranquille.

Pendant plusieurs jours, M. de Flirt rapporta le petit paquet. Il avait fini par être positivement intrigué. C'était une petite caisse carrée, très légère, large comme les deux mains, et soigneusement fermée par des ficelles cachetées. Le tour du couvercle était cerné de cire. Vainement il cherchait au dîner à reconnaître, parmi les assiettes de dessert, le contenu de la mystérieuse boîte adressée à l'ancien maître d'hôtel, il ne pouvait y parvenir. Il ne voyait que des bonbons solides, des petits fours et des fruits confits. Pas de ces bonbons frappés ou fondants qu'on est obligé de se procurer au dernier moment.

Un jour enfin, M. de Flirt fut surpris en voyant que la petite boîte était accompagnée d'une autre boîte exactement semblable, les deux ne formant qu'un seul paquet. Il pensa que, vu cette augmentation de volume, il allait savoir enfin ce qu'il était chargé de rapporter tous les soirs; aussi examina-t-il le dessert avec une extrême attention. Eh bien! non, ce dessert était exactement semblable à celui de la veille et des jours précédents. C'était vraiment étrange! En se penchant pour constater la présence d'une assiette de cerises cristallisées que masquait une des corbeilles de fleurs, il aperçut sa femme qui causait gaiement avec Joyeuse, près duquel cette bonne marquise avait eu soin de la placer, ayant pour système qu'il ne faut jamais contrarier les inclinations.

Rosine était bien jolie ce soir-là; une robe de velours d'un rouge étincelant dessinait sa taille charmante et suivait les contours de la poitrine, ferme et blanche, qu'elle découvrait peut-être un peu trop franchement. M. de Flirt vit avec inquiétude que le corsage bâillait complaisamment, et qu'au moindre mouvement on devait découvrir ce joli petit signe placé à la naissance du bras, près d'un pli rose qu'il voyait en fermant les yeux. Tout à coup, il pâlit. Au haut du corsage, à gauche, à l'endroit même où est situé ce joli pli rose qu'il désire tant être seul à connaître, il aperçoit un superbe gardenia, détachant son insolente blancheur sur le velours rouge du corsage. A l'instant, les deux boîtes jumelles passent devant ses yeux et la lumière se fait!!!

Ainsi, ce précieux paquet... qu'il ne fallait pas secouer... c'était le gardenia!... Tonnerre!!! Et lui, qui, comme un imbécile, rapportait soigneusement chaque jour cet engin de séduction! Évidemment c'était ce qui, sur sa femme, agissait le plus sûrement... Et la preuve... c'est qu'elle en avait désiré un aussi, et qu'elle l'avait... et que c'était lui qui, comme une brute...

M. de Flirt se contint. D'abord, il avait foi en sa femme; il la savait surtout rieuse et, du moins jusqu'ici, incapable de poursuivre sérieusement une coquetterie.

Est-ce qu'elle peut être sérieuse, la petite Rosine?... Non, elle rit de tout... et quand elle a ri, c'est fini pour le sentiment... Il suffirait de la faire rire de Joyeuse pour qu'il fût coulé. Mais là était précisément le difficile, car il ne donne pas souvent prise à la moquerie, le beau Joyeuse.

M. de Flirt n'eut donc l'air de se douter de rien; il dit seulement à la marquise que son cheval ayant peur d'un pont sous lequel il fallait passer pour aller à la gare, il se voyait, à son grand regret, forcé de diriger sa promenade d'un autre côté.

V

La vie à la Vieille Roche continua toujours un peu monotone : parties de chasse, promenades en voiture, excursions à cheval...

Cependant M. de Flirt ne pouvait se dissimuler que Joyeuse avançait quelque peu dans les bonnes grâces de sa femme.

C'est un mari mondain et correct que M. de Flirt, mais il adore la jolie Rosine bien malgré lui et en le dissimulant de son mieux. Avoir avec elle une explication quelconque, l'emmener en lui disant pourquoi, il n'y songeait même pas. Et, d'un autre côté, résisterait-elle là où tant d'autres avaient succombé? Ce n'était pas une vertu farouche que sa femme; il ne se faisait pas illusion là-dessus. Il espérait, il était même sûr qu'il n'y avait encore rien de fait; mais, au train dont allaient les choses, cela ne pouvait tarder.

Il était dans cette disposition d'esprit, lorsqu'on organisa une grande battue; tout le monde devait en être, même celles de ces dames qui d'ordinaire ne chassaient pas. C'était un prétexte à costumes, de quoi s'occuper pendant deux jours au moins. La veille de la chasse, Joyeuse reçut de son tailleur une grande caisse longue, et le lendemain, lorsqu'il descendit au moment du départ, la marquise ne put s'empêcher de lui exprimer son admiration.

C'est que ce matin-là Joyeuse était vraiment très beau. Son costume, arrivant de Londres en droite ligne, était une merveille d'élégance et d'« osé ». Il fallait être, mais surtout se savoir bien joli garçon, pour risquer un vêtement aussi extraordinairement fantaisiste et difficile à porter. Tout, depuis le chapeau calabrais à plumes de grouse jusqu'aux bottines à clous d'acier, était d'une étrangeté voulue; on trouvait cela charmant porté par Joyeuse; on l'eût trouvé insensé porté par le commun des mortels.

Bien qu'un peu plus contenue, l'admiration de ces dames était aussi profonde que celle de madame de Vieille-Roche, et le départ de Joyeuse eut quelque chose de triomphal.

Rosine était si fière du succès de son bel adorateur qu'elle oubliait totalement le sien; elle était délicieusement pimpante et gracieuse. Moulée dans un amour de costume en peluche gris-souris, à culotte bouffante, son petit chapeau mou posé en arrière, laissant voltiger les frisons du front et de la queue de postillon nouée sur la nuque ; elle trottinait si gentiment que le pauvre mari, la voyant si charmante, se prit à redouter plus que jamais la catastrophe qui désormais lui semblait imminente.

Joyeuse et Rosine se placèrent naturellement ensemble ; M. de Flirt ne les perdait pas de vue. Il était assez loin d'eux, mais il ne les quittait pas de l'œil un seul instant. Il n'était guère en train de tirer. Il se coucha dans l'herbe, à la place qui lui avait été assignée par le sort, et, tout en épiant, se mit à réfléchir, entendant à peine les nombreux coups de fusil qui partaient de tous côtés ; de tous côtés, c'est-à-dire, non... A sa droite, le général de Belpoygne tirait ferme ; mais à gauche, on ne bougeait plus.

En effet, Joyeuse et madame de Flirt venaient de quitter tout doucettement leur poste pour aller s'installer de l'autre côté du fourré, presque en face de M. de Flirt. Il n'entendait pas les paroles échangées entre eux, mais il voyait que Rosine semblait redouter les coups de fusil. On ne devait ni quitter sa place, ni aller dans cette direction. Joyeuse répondait alors, montrant qu'ils n'avaient rien à redouter, puisque, en face, il y avait une place vide.

« Vide! » Eh bien! et lui, de Flirt? Ils ne le
voyaient donc pas?

Il continua à les examiner; ils causaient toujours,
seulement Joyeuse s'était encore rapproché de Rosine; elle baissait la tête en rougissant et M. de
Flirt admirait son profil pur qui se détachait sur
le fond sombre du bois; de temps en temps elle levait les yeux sur Joyeuse et le regardait longuement,
et ce regard caressant faisait passer un serpent froid
dans le dos du pauvre mari; enfin, le vicomte se
rapprocha tout à fait et, passant son bras autour de
la taille de la jeune femme, il l'attira doucement
à lui. . . . .

En ce moment, un faisan arrivait en voletant
lourdement et traversait le taillis derrière Joyeuse,
à la hauteur de son dos.

M. de Flirt n'hésita pas une seconde : il se leva,
épaula vivement et fit feu; le faisan tomba, puis
on entendit un hurlement plaintif suivi bientôt de
cris aigus.

Cinq minutes après, tout le monde était à l'endroit du sinistre. Joyeuse, à genoux dans l'herbe,
faisait assez piteuse mine; il avait reçu pas mal de
plombs dans la partie que son costume dessinait si
remarquablement.

— Une vraie cible! disait Xaintrailles, qui au
fond était ravi.

Ces dames pleuraient; M. de Flirt se confondait en excuses; le vieux garde était furieux.

— Comment se permettait-on de changer ainsi de place? Si M. le vicomte eût été tué, ce n'était de la faute de personne.

— Évidemment, disait le général, de Flirt ne pouvait pas se douter, en voyant ce faisan qui arrivait sur lui, qu'il y avait quelqu'un caché derrière; mais c'est égal, on ne devrait jamais chasser au bois tant qu'il y a des feuilles!

— Comment diable étiez-vous là? demanda Bernard.

Personne heureusement ne remarqua la présence de madame de Flirt; on crut, en la voyant là, qu'elle avait été, comme les autres, attirée par les cris, et non que ces cris étaient poussés par elle.

Le plus difficile était d'emmener Joyeuse qui souffrait beaucoup et ne pouvait faire un pas. Il fallait cependant rejoindre les voitures. Le pauvre vicomte, appuyé sur deux rabatteurs, partit en sautillant si drôlement, que Rosine commença, bien malgré elle, à être prise d'un fou rire. Il n'était pas blessé gravement et il avait une tournure si saugrenue! Était-il possible que quelques malheureux plombs le changeassent à ce point?... Et des plombs logés... là, surtout.

En arrivant à la voiture ce fut bien pis encore!

Joyeuse ne pouvait absolument pas s'asseoir... d'aucun côté... Le plomb avait beaucoup écarté, et il était si bien disséminé partout qu'il ne restait pas la plus petite place valide. On fut obligé de l'installer à quatre pattes sur les coussins, en isolant le mieux possible la partie atteinte. Puis, toutes les voitures se mirent à suivre au pas celle qui transportait le blessé. Ce convoi avait vraiment quelque chose de burlesque; peu à peu le rire gagnait tout le monde. Quant à Rosine, elle pouffait sans même chercher à s'en empêcher.

En voyant dans quel triste état on lui ramenait le plus beau de ses invités, la pauvre marquise faillit s'évanouir; puis, le premier moment de stupeur passé, elle constata avec regret que, dans cette situation étrange, l'irrésistible Joyeuse perdait beaucoup de son prestige. Vraiment ce garçon-là était grotesque, présentant ainsi son... plomb à tous les regards. Est-ce qu'un homme bien élevé ne devait pas prendre un peu sur lui et dissimuler ces choses-là le plus possible?

Aujourd'hui Joyeuse est guéri, mais la petite de Flirt ne peut le regarder sans rire; elle le voit toujours à quatre pattes sur les coussins du landau, présentant au ciel la partie blessée.

M. de Flirt peut dormir tranquille.

VARIATIONS

SUR LA PLUS BELLE PHRASE DE *LA TRAVIATA*

SUR LA SCÈNE

LA PATTI, chantant et pensant.

— Une belle salle, ce soir... C'est joli, *la Traviata!* mais, quand on l'a chantée un millier de fois... on commence à en avoir assez... Ça finit même par porter sur les nerfs... C'est qu quelque superbe que soit un air, quand on le répète pendant quinze an.. ça devient monotone... Et puis encore il faut *jouer*, croire que c'est arrivé... et on ne s'imagine pas combien c'est fatigant... Au fait, pourquoi jouer?... personne n'écoute, c'est bien du temps perdu... toutes les femmes qui sont là viennent pour se montrer et tous les hommes pour les voir; nous ne sommes que le prétexte, nous... Il y a peut-être dans la salle cinq ou six gobeurs qui ont l'idée de m'entendre dans mon meilleur rôle...

mais ce sont de vieux ramollis qui ne valent pas qu'on s'occupe d'eux... Ah! la marquise dans la baignoire d'avant-scène! Elle est toujours jolie!... Le jour même, elle fait un effet étonnant... A quelques pas, on y serait pris... C'est qu'elle n'a plus dix-huit ans... Quand je débutais aux Italiens, vers 1865, elle battait son plein, depuis quelque temps déjà... Elle a une excellente peinture pour le jour... Si je pouvais savoir où elle se procure ça!... car, il n'y a pas à dire, les fards pour le jour doivent être absolument différents de ceux du soir... C'est un effet tout opposé à chercher, et elle l'obtient, cet effet, positivement... On dit que, pour se conserver éternellement jeune, il ne faut pas abuser de l'eau... Ninon de Lenclos ne se lavait qu'avec du coldcream!... C'est gentil ces nouvelles robes à mille petits plis... C'est étrange, il y a des femmes auxquelles tout va!... Tiens! madame X...! Et avec son mari, encore! Comment! elle a réintégré le domicile conjugal?... Voilà une chose que je ne ferai jamais, moi, par exemple...

DANS LA COULISSE

NICOLINI, *envoyant sa phrase au moment où on baisse le rideau.*

— ... Quelle chance, un acte de moins!!... C'est

écœurant de chanter devant un pareil public (*Derrière le rideau.*)

— Allons, bon! voilà le gaz baissé; pas moyen de jeter un coup d'œil sur la salle!... C'est ignoble de baisser le gaz aux Italiens pendant l'entr'acte!!! C'est mesquin! c'est petit!... Je sais bien que si on ne le baissait pas, ça coûterait plus cher... C'est une économie... une sage économie... Je crois que ma voix est en progrès et qu'à présent on vient au moins autant pour moi que pour Adelina, en admettant qu'on vienne pour nous. Ils ont encore laissé fumer la rampe tout à l'heure, j'avais beau faire des signes... C'est au point que le public a dû s'en apercevoir... Bah! est-ce qu'il s'aperçoit de quelque chose, ce public de gâteux??? Ils viennent ici pour s'exhiber, voilà tout! On leur sert les deux premiers chanteurs de l'univers et ils pensent à autre chose qu'à les écouter!...

DANS UNE LOGE DE FACE

UNE TRÈS JOLIE FEMME BLONDE, très jeune et encore un peu gobeuse.

— Que c'est beau cette phrase!... c'est doux, tendre, et comme c'est dit surtout... comme on voit bien qu'elle sent profondément ce qu'elle chante!... Certes elle a une jolie voix, mais la voix n'est, à mon avis, qu'une chose secondaire; le jeu, l'âme, l'intelligence avant tout... Si Krauss ne jouait pas comme elle joue, j'aurais moitié moins de plaisir à l'entendre... Quel dommage de ne pas savoir l'italien!... ça doit être si passionné ces paroles!... C'est beau, l'amour!... l'amour comme dans *la Traviata*, celui duquel on meurt... non pas qu'il soit indispensable d'en mourir, mais enfin ça prouve que c'est bien vrai... C'est donc possible ces histoires-là? Oh! que je voudrais aimer et être aimée ainsi!... On dit que ces amours-là n'existent pas dans le mariage... Mais alors?... est-ce qu'il faudra??... Quant à moi, je suis bien décidée à savoir ce que c'est... ou, du moins, à essayer... tant pis!! Mais c'est affreux de penser à des choses pareilles... il me semble que tout le monde doit lire ce qui se passe en moi... Il n'est pas absolument séduisant ce ténor, et pourtant il n'est pas mal... enfin, ce n'est pas mon type... Mon type, c'est quelqu'un de grand, avec des yeux bleu-ciel, des cheveux châtain foncé, et une jolie moustache blonde, blonde, si blonde qu'on la croirait presque blanche... Le malheur, c'est que mon type, je ne l'ai rencontré que... qu'après... C'est toujours comme ça, dit-on... si on pouvait connaître celui qu'on aime, on ne l'aimerait pas... Ainsi, mon mari... eh bien, mon mari, je l'aimais beaucoup...

avant... quand il m'embrassait furtivement, en cachette, je trouvais ça délicieux... Oh! par exemple! ça n'a pas duré... Est-ce ma faute, à moi, si je me suis trompée?... La Patti aussi s'est trompée... Qu: est-ce qui ne se trompe pas, au moins la première fois??...

DANS UNE AVANT-SCÈNE

UNE FEMME PRATIQUE.

— Ils doivent gagner un argent fou avec ces représentations... gagner tout ça, et rien qu'avec sa voix... c'est charmant!... Ah! si j'avais un talent pareil, c'est moi qui l'exploiterais, et toute seule encore!... Pourquoi ne s'est-elle donc jamais... fait valoir elle-même?... toujours elle a eu quelqu'un qui s'est chargé de ce soin... Strakosch d'abord, et puis... l'autre, et maintenant celui-ci... A quoi bon tout ça? avec un talent comme celui-là, on doit se suffire à soi-même... pour tout... Je sais bien qu'elle est encore jeune... mais bast!... ça n'est pas elle qu'on aime, c'est sa voix... ce que vaut sa voix... Elle ne pourra vraiment être certaine de la qualité d'un attachement, que quand elle ne pourra plus chanter... plus chanter du tout... C'est bête les opéras!... Ce monsieur auquel on donne une fleur, et qui répond que sa vie est enchaînée... Je suppose au moins que c'est ça qu'il répond, si c'est comme dans la traduction... On n'a jamais vu de ces coups de foudre-là... c'est ridicule, les grands sentiments... ridicule et nuisible... Voilà une femme qui est tranquille, heureuse, qui a une vie agréablement mouvementée, s'écoulant au milieu de gens très gentils; elle a bien les pommettes un peu roses, et elle toussotte un tantinet quand elle a valsé, mais tout le monde en est plus ou moins là; et elle vivrait peut-être jusqu'à un âge extrêmement avancé si elle ne s'avisait de devenir amoureuse... et de qui? et pourquoi?... Tout à l'heure elle vendra ses bijoux, ses chevaux, le père viendra la faire enrager en lui chantant l'air le plus ennuyeux que j'aie jamais entendu, et l'objet aimé l'insultera en plein bal, pour lui faire ensuite des excuses, il est vrai, mais trop tard... Résultat inévitable de l'amour... de l'amour tel que l'entendent les poètes, les peintres et les musiciens... car il y en a un autre... et celui-là, quand on sait en jouer...

DANS UNE LOGE DE COTÉ

UN MONSIEUR DEBOUT derrière deux dames.

— Ça ne finira donc jamais cet acte!... Quelle scie, mon Dieu, que ces Italiens!... Ça m'agace, cette phrase qui termine... et c'est pas fini... elle va revenir tout le temps... Dire qu'à cette heure-ci, je pourrais être tranquillement allongé dans un bon fauteuil à faire du potin en attendant la partie !... Ces maudits Italiens me détraquent toute mon existence... Et Blanche? Elle doit être furieuse, Blanche... Je n'ai pas mis le pied chez elle depuis plus de huit jours... je suis pincé par le Concours hippique dans la journée... Le soir... je craindrais de ne pas la trouver... ou de la déranger... Tiens ! la voilà en face au deuxième rang ! Allons, bon ! il ne manquait plus que ça !... Pourvu qu'elle n'aille pas me faire de signes au moins !... C'est que le tact ne l'étouffe pas, généralement... Si ma belle-mère se doutait de quelque chose, ça serait du joli !! Miséricorde ! j'aimerais mieux tout raconter à ma femme... avec les détails les plus aggravants, et être sûr que ma belle-mère n'a pas l'ombre d'un soupçon... (*Voix de Nicolini reprenant la phrase dans la coulisse.*) A l'autre, à présent !... positivement cette diable de phrase m'horripile... j'aime encore mieux les trompettes d'*Aïda*, parce que, au moins, on a le ballet pour s'en remettre, tandis qu'ici pas la plus petite récréation... Il y a certainement dans la salle beaucoup de jolis... aperçus, mais on baisse le gaz aux entr'actes !! Les abonnés devraient offrir de payer le gaz pour l'avoir haut tout le temps : de cette façon les pauvres hommes auraient un petit dédommagement... Voici la semaine sainte... peut-être qu'on me laissera tranquille... Quel malheur qu'on ne m'ait pas appelé pour mes treize jours pendant le Concours hippique et les Italiens ! Le ministre devrait bien prendre note des gens mariés, et ne pas les remettre à l'automne...

DANS LA MÊME LOGE

LA FEMME DU MONSIEUR, écoutant attentivement.

— C'est admirable cette musique... Ça énerve... ça grise, c'est un effet délicieux... Je comprends que l'on s'enthousiasme... et même plus... pour un ténor... Quand Nicolini reprend dans la coulisse cette mesure que j'adore, il me passe un frisson partout... c'est-à-dire, c'est surtout dans le dos... C'est étrange, ce frisson, c'est le même que tantôt, quand je regardais sauter cet officier qui montait si bien... On croirait sentir un petit serpent froid qui se glisse entre les épaules et qui descend, qui descend... C'est atroce... et agréable tout de même... Elles étaient drôles les moustaches de l'officier... longues, longues et soyeuses, et légères, et fines comme des cheveux... Elles voltigeaient au vent en sautant... je n'ai jamais vu de moustaches comme celles-là...

Ah! si pourtant, à ce Russe de Nice qui gagnait tant et qui me regardait toujours avant de jouer... Il est certain que l'on doit se passionner facilement pour un acteur, quand surtout cet acteur est joli garçon... On a bien raison de dire que la musique élève l'âme... c'est bien vrai... celle-là me rend meilleure ; il me semble qu'en écoutant ce chant si tendre, je le deviens moi-même... Je voudrais pouvoir faire partager cette sensation à quelqu'un... qui saurait la comprendre... Ça pourrait être si bon pourtant, la vie, si chacun y mettait un peu du sien !...

ENCORE DANS LA MÊME LOGE

LA MÈRE DE LA DAME, suivant le mouvement de la mesure en agitant légèrement la tête.

— C'est berçant cet air... Si je n'y prenais garde, je m'endormirais... et je ne veux pas m'endormir... je n'en ai pas le droit, d'abord... Il faut que je surveille mon gendre... et ma fille... ce qui est plus grave... Mon gendre, ça serait réparable, et puis, quelle belle occasion de lui en vouloir avec un motif cette fois ! mais ma fille, quand ça y serait, ça y serait !... Je la regardais tantôt, à ce concours, et elle me semblait s'intéresser plus que de raison à tous ces cavaliers qu'elle ne connaissait pas... Si au moins elle les avait connus... et encore, non !... j'aime autant qu'elle s'y soit intéressée sans les connaître !... Tout à l'heure elle écoutait Nicolini avec une émotion trop vive ; elle a les nerfs tendus, c'est évident ; la moindre des choses les fait vibrer et c'est très malsain... Ce Nicolini ! il ne vaut pas les chanteurs de ma jeunesse !... Moi aussi, autrefois, j'ai eu un caprice pour Mario, oh ! mais, j'étais très prise !... heureusement que M. de Lamartine est venu faire diversion... à temps... J'ai aimé follement M. de Lamartine ! toutes les femmes de mon âge l'ont aimé !... et elles ont eu tort... ce n'était pas du tout l'homme qu'on croyait... Enfin, on ne peut pas tout avoir !... Je serais curieuse de connaître l'avis d'une femme comme la Patti sur... les chanteurs. Qu'est-ce que mon gendre a donc à se trémousser comme ça ?... il est assommant... Positivement, ce garçon-là ne sait pas écouter la musique... En revanche, sa femme l'écoute trop.

DANS UNE LOGE DE FACE

UNE JOLIE JEUNE FILLE BLONDE, coiffée à la vierge,
les yeux baissés.

— Oh ! la jolie voix ! Que ce doit être amusant de chanter ainsi... d'être applaudie, de gagner beaucoup d'argent et de plaire à tous !... Oui, mais il faut posséder une voix, pour commencer, et ensuite travailler énormément... tandis qu'en se faisant tout bonnement cocotte, on a les mêmes avantages et on est obligée à se donner bien moins de peine... il me semble, du moins... C'est un état pour lequel tout le monde doit être doué à peu près la même chose... Je vois mes frères, mes oncles et même papa, uniquement occupés de ces dames : donc, c'est une carrière qui a du bon... Grand Dieu! si ma tante se doutait de ce à quoi je pense... elle qui a fait un potin énorme hier parce que j'avais lu quelques pages de *Paul et Virginie* sans en demander la permission!... Ah! elle peut être tranquille, je n'ai pas eu envie de continuer... Voilà une vie bête! Et des sentiments cocasses! Moi d'abord, je ne comprends pas qu'on puisse aimer un homme comme Paul... Il faut qu'un homme ait au moins trente-cinq ans et qu'il ait beaucoup vécu... C'est dans ce genre, facile à rencontrer du reste, que je veux un mari ainsi, pas de petits jeunes gens... Oh! non... il m'assomment, les petits jeunes gens!...

A L'ORCHESTRE

UN MONSIEUR CHAUVE; il fredonne entre ses dents.

— C'est sublime... tu tu tu! c'est positivement sublime. Je passerais ma vie à entendre *la Traviata*.

C'est captivant, ça fixe l'attention la plus rebelle...
Tu tu tu tu tu!... Ah! c'est idéal... Et puis c'est le
seul opéra qui ne soit pas idiot... *La Dame aux ca-
mélias!* quelle œuvre! On devrait bien reprendre ça,
mais aux Français avec Bartet, au lieu de tous les
machins qu'on nous joue. Je ne l'ai pas vue depuis
Pierson... En quelle année était-ce donc? Ah! c'é-
tait lorsqu'elle était maigre... Elle recommence à
engraisser... Elle engraisse même considérablement,
mais ce n'est plus la même graisse qu'au temps du
Cotillon, cet heureux temps où le Vaudeville était
place de la Bourse, où les fils laissaient traîner les
pères au violon pour les attraits de cette ravissante
créature... Tu tu tu tu!... Je crois que X... ferait
pas mal de surveiller sa femme... elle fait de l'œil à
tout le monde... aussi, il a eu tort d'épouser une
femme de vingt ans, cet imbécile! Il en a cinquante,
et il est mal conservé... Tu tu tu! Rien n'est ridicule comme ces mariages-là... pour le mari... Quelle
situation! Seigneur! quelle situation! « A jeune
femme, il faut jeune mari... » c'est admirable, cette
phrase, admirable...

> Il continue, tout en fredonnant, à regarder les gens qui le préoccupent, change insensiblement d'air sans s'en rendre compte, et finit par fredonner *le Sire de Framboisy* à la profonde stupéfaction de ses voisins.

CE QUE VERDI A PENSÉ EN ÉCRIVANT CETTE PHRASE

— Que ce soit un chant tendre et passionné qui exprime la souffrance de n'avoir pas aimé, et la crainte de s'abandonner à l'amour. Qu'on sente à la fois le regret et le désir, qu'on entende le cri d'appel de la femme qui entrevoit enfin un avenir inconnu et rêvé, et que tout l'intérêt de l'acte, de la pièce et de la partition, vienne se concentrer sur ce seul motif!!!...

POUR LES PAUVRES

S'IL VOUS PLAIT

Galerie garnie de boutiques. A l'entrée de la serre, un grand bazar entièrement construit et drapé en toile de soie écrue brodée de fleurs et d'animaux fantastiques. Traverses, supports et sièges en bambou naturel; de grosses houppes de soie ébouriffées retiennent les draperies. Profusion de plantes et de fleurs.

La baronne. — Cinquante ans. A été splendidement belle, et fait encore illusion à quelques pas. Bandeaux à la jolie femme; robe ouverte en « ruisseau ». Aspect sévère.

Madame X... — Vingt-neuf ans. Délicieusement jolie. Cheveux noirs, teint rose, grands yeux violets et changeants, bouche rieuse.

Les petites de Ribfray. — Drôles, mignonnes, amusantes et jolies.

Madame de Vyelgarde. — Toujours belle avec son teint mat, ses cheveux plats et son éternelle mèche sur le front.

Folleuil.

Acheteurs, amis, curieux, etc., etc.

Folleuil, *assis à la caisse, écrivant sous la dictée de la baronne et répétant.* — « Vendu à M. de Beylair un polichinelle... 120 fr.! » — Bigre! ça n'est pas pour rien!...

Madame X... — Oh! il est superbe, tout en satin, et chaque bosse de couleur différente...

Folleuil, *se levant.* — Vraiment? Faites-le voir.

La baronne, *continuant à dicter.* — « A madame de Villecouteux, un vase irisé... 250 fr. »

Madame X..., *à Folleuil.* — Rentrez donc dans votre cage, vous voyez qu'elle dicte encore...

Folleuil. — Jamais de la vie! Quant à ça, ne croyez pas m'y repincer; depuis une heure et demie que je suis là dedans à écrire des choses ineptes... au lieu de causer avec vous...

Madame X... — Mais...

Folleuil. — Il n'y a pas de mais; je suis ici pour vous voir, vous adorer et surtout vous le dire... ainsi il est inutile de chercher midi à quatorze heures...

Madame X... — Mais je ne...

Folleuil. — Ta ta ta... Depuis que la vente est commencée, je n'ai pas encore pu vous dire trois mots...

Madame X... — Mais il faut bien que je m'occupe de la boutique...

Folleuil. — Pourquoi ça? je m'en fiche, moi,

vous savez, de la boutique!... Vous êtes cent fois plus jolie encore qu'à l'ordinaire! tout le monde aurait le droit de vous le dire pour cinq louis, et même moins... et moi, je serais là comme un crétin, à écrire ce que me dicte cette vieille folle!

Madame X... — Pas si haut, donc, nous ne sommes pas seuls...

Folleuil. — Hélas!

Madame X... — C'est la baronne qui est à la tête de la boutique, et...

Folleuil. — Ça m'est bien égal, elle n'a qu'à tenir son livre elle-même, je ne suis pas teneur de livres, moi...

Madame X... — C'est vous qui vous êtes offert?...

Folleuil. — Pour aller, venir, faire des petits paquets, et surtout jaboter avec vous dans un coin... tenez, là-bas... sous le gros palmier...

Madame X... — Vous êtes fou...

Folleuil. — Oh! ça! absolument!

Madame X... — Madame de Vyelgarde nous examine en dessous...

Folleuil. — Depuis que je la connais, je l'ai toujours vue regarder comme ça...

Madame X... — Y a-t-il longtemps que vous la connaissez?

FOLLEUIL. — Euh! euh! il y a vingt ans... au moins!...

MADAME X... — Et vous l'avez connue... intimement?

FOLLEUIL. — Eh bien, non!

MADAME X..., *incrédule*. — Oh!

FOLLEUIL. — Cela vous paraît invraisemblable, n'est-ce pas?

MADAME X... — Mon Dieu, non... vous aimez à vous singulariser...

FOLLEUIL. — Oh! oh! vous êtes méchante...

LA BARONNE. — « Vendu à M. de Xaintrailles un éventail en écaille blonde et plumes de coq... 300 fr. »— Combien avez-vous en caisse, monsieur de Folleuil ?...

FOLLEUIL, *bondissant*. — Comment! moi, ce que... ah! pardon... (*Il court vers le tiroir qu'il bouleverse.*) Oh! pas grand'chose!... une centaine de louis.

LA BARONNE. — Vous avez compté déjà?

FOLLEUIL. — Compté, mon Dieu, c'est-à-dire... j'ai plutôt compté à vue de nez... comme ça...

LA BARONNE, *sèchement*. — Ah! bien...

LA SECONDE DES PETITES DE RIRFRAY, *à Folleuil*. — Vous savez qu'elle est fâchée?

FOLLEUIL. — Voilà une chose qui m'est égale...

MADAME DE VYELGARDE, *s'approchant*. — Ma

chère petite, je crois qu'il m'est tombé dans le cou un piquant détaché d'un des palmiers; seriez-vous assez gentille pour regarder? ça m'est affreusement désagréable!... (*Elle tend son dos.*)

La petite de Rirfray, *introduisant sa main.* — Faites bâiller... là, parfaitement... je ne sens rien...

Madame de Vyelgarde. — Plus bas, beaucoup plus bas...

La petite de Rirfray, *sur la pointe des pieds.* — C'est que vous êtes si grande, madame... si vous pouviez vous baisser un peu? Vous êtes serrée? Vous ne pouvez pas? Ah bien, c'est qu'alors je...

Madame de Vyelgarde, *se tournant vers Folleuil.* — Voulez-vous regarder, vous, qui êtes plus grand qu'elle?... C'est intolérable!...

Folleuil. — Volontiers, volontiers. Dois-je aussi regarder... avec ma main?...

Madame de Vyelgarde. — Comme vous voudrez.

Folleuil, *plongeant son bras jusqu'au coude.* — J'ai beau tâter, je ne sens pas la moindre des choses... et cependant je descends, je descends...

Madame de Vyelgarde. — Je suis cependant bien certaine qu'un piquant m'est tombé dans le cou.

Folleuil. — Dans le cou? Remontons, alors!

Madame de Vyelgarde. — Il a glissé ensuite

le piquant !... Enfin, si vous ne le trouvez pas, ne cherchez plus.

FOLLEUIL. — Ce n'est pas que les recherches m'ennuient, vous savez là-dessus à quoi vous en tenir aussi bien que moi. Mais nous ne trouverons rien, vraisemblablement; la baronne nous roule des yeux... Aïe ! je le tiens ! Cristi !... je me suis affreusement piqué... (*Il retire une épine semblable aux épines d'acacias.*) C'est qu'elle y était, positivement! Elle m'a perforé le doigt.

UN MONSIEUR A L'AIR BÊTE, *s'approchant*. — Que vous est-il donc arrivé, chère madame?

MADAME DE VYELGARDE. — C'est une épine qui s'était introduite dans mon dos.

LE MONSIEUR A L'AIR BÊTE. — Heureuse épine !!! précieuse relique !...

MADAME DE VYELGARDE. — Dix louis, et elle est à vous ?

LE MONSIEUR, *très ennuyé, mais souriant aimablement*. — Ah! parfait! charmant! Ingénieuse idée, en vérité. (*Il tire les dix louis. Folleuil emballe l'épine dans un morceau de papier de soie auquel elle fait une petite tache de sang.*)

LE MONSIEUR, *en extase*. — Oh! madame, j'aurais donné ma fortune pour cette goutte de votre sang...

FOLLEUIL. — C'est du mien, mais ça n'y fait rien... (*Haut.*) Il est de fait que ça n'est pas payé !

Le monsieur s'esquive en glissant le petit papier dans son porte-monnaie.

La baronne, *d'un ton pointu, à madame de Vyelgarde*. — Certainement, madame, nous devons tâcher de gagner pour les pauvres le plus d'argent possible... mais il ne faudrait user que de moyens... convenables... et vendre ainsi une goutte de son sang...

Folleuil, *rognonnant entre ses dents*. — Avec ça qu'elle n'a pas vendu bien d'autres choses, elle!... Et c'était pas pour les pauvres, encore!!!

Madame X... — Oh! Comment! la baronne a été légère?

Folleuil. — Un peu!

Madame X... — Quand ça?

Folleuil. — Mais à ses moments perdus...

Madame X... — Je vous demande à quelle époque?

Folleuil. — Oh! je ne l'ai pas connue à ses débuts, moi. Mais enfin, je l'ai vue dans son beau. En 1859, elle battait son plein; j'avais alors vingt et un ans.

Madame X... — Vous aviez vingt et un ans en 1859?

Folleuil. — Mais oui.

Madame X... — Alors vous avez quarante-trois ans?

Folleuil. — Vous me trouvez mal conservé?

Madame X... — Non, mais je vous croyais plus jeune que ça...

Folleuil. — Tant mieux !... Venez donc sous le gros palmier, vous ne pouvez pas rester debout comme ça tout le temps...

Madame X... — Un instant seulement, le temps de me reposer un peu...

Folleuil. — Pourquoi ne voulez-vous pas, dites ?

Madame X... — Pourquoi je ne veux pas, « quoi » ?

Folleuil. — M'aimer un tout petit peu... ce serait si gentil... D'abord, moi, voyez-vous, je suis bien moins désagréable quand je suis en confiance...

Madame X... — Je vous trouve très bien comme vous êtes, je serais désolée de vous voir changer cette première manière...

Folleuil. — Eh bien, permettez-moi de vous aimer, au moins...

Madame X... — Du tout, je ne permets rien... vous êtes compromettant comme tout, d'abord, et puis vous êtes tellement original, vous ne ressemblez à personne.

Folleuil. — Eh bien, mais ce n'est pas un mal, il me semble! Vous qui aimez d'ordinaire tout ce qui n'est pas banal... Ainsi, tenez, l'étoffe brodée de la boutique, c'est vous qui l'avez choisie ; vous disiez que ces animaux étaient adorables, je ne pense pourtant pas que vous en ayez rencontré beaucoup de cette espèce...

Madame X... — C'est précisément parce qu'ils n'ont jamais existé qu'ils me plaisent. Si je les rencontrais vivants, je m'en éloignerais avec horreur...

Folleuil. — Merci !

Madame X... — On va avoir besoin de moi pour la vente...

Folleuil, *la faisant rasseoir.* — La vente... Quelle farce !... On ne vend pas un objet par quart d'heure... Écoutez-moi plutôt... Croyez mon expérience...

Madame X... — Vous avez tort, Folleuil, de parler toujours comme ça d'expérience, surtout depuis que vous m'avez dit que vous avez quarante-trois ans, ça me jette un froid...

Folleuil. — Saperlotte ! je n'avais pas besoin de ça ! Voyons, causons sérieusement. Je vous aime...

Madame X... — Vous l'avez déjà dit...

Folleuil, *énervé.* — Oh !

Madame X... — Ce que vous faites est absolument ridicule ; vous offrez à la baronne d'aider à notre boutique, elle accepte, et puis vous plantez tout là... et non seulement vous plantez tout là, mais vous m'entraînez à en faire autant...

Folleuil. — Si je pouvais vous entraîner à autre chose...

Madame X... — Si l'on avait prévu votre manière de faire, on aurait pris Xaintrailles qui avait demandé aussi à nous aider... On a refusé parce qu'on craignait l'encombrement...

Folleuil. — Il n'aurait plus manqué que cela! Xaintrailles! c'était un truc pour se rapprocher de vous. Il vous fait la cour, l'animal!...

Madame X... — Je ne suis pas seule dans cette boutique...

Folleuil. — Allons donc! vous n'allez pas me dire que c'est pour la baronne, n'est-ce pas... ni pour madame de Vyelgarde! ils sont brouillés depuis dix ans, après avoir été au mieux...

Madame X... — Il y a les petites de Rirfray...

Folleuil. — Ça ne compte pas! Il n'y a que les gens finis qui s'occupent des jeunes filles...

Voix de la baronne. — Madame X...? Où donc est madame X...?

Madame X... — Là! Voyez-vous ce que je disais, on me cherche!... C'est absolument ridicule...

Folleuil. — Allez-y. Moi je rejoindrai tout à l'heure...

La baronne. — C'est M. de Fryleuse qui veut une épingle à pantin; où donc les avez-vous mises?...

Madame X..., *bouleversant tout.* — C'est incroyable, je ne puis pas les trouver; elles étaient pourtant là tout à l'heure. Voulez-vous à la place la salamandre de François Ier? c'est très gentil... Vous ne voulez pas?... Que je vous donne ce que je voudrai? Voilà une petite boîte à musique qui joue des valses... Ça vous convient-il?... Non?... Cette fleur? Mon bouquet de corsage?... Ah! mais!... Et puis il faut demander à la baronne, elle ne veut pas qu'on vende des choses comme ça...

Folleuil, *qui a reparu apportant une pile de petits cartons.* — Je suis préposé aux paquets, moi, à présent! aux paquets délicats que les domestiques ne savent pas faire. (*A un monsieur qui lui tend un énorme ballon.*) Vous voulez que je mette un papier autour de ça! Mais, monsieur, ce sera bien plus laid; comme ça au moins, on voit ce que c'est... Vous préférez un papier? alors, passez au fond. (*Une dame passe un petit coussin de peluche parfumée.*) Désolé, madame, mais je n'ai pas un assez grand carton. (*Il appelle un domestique.*) Prenez et emballez ce coussin. (*Grommelant.*) Ils sont odieux avec leurs colis!...

Madame X... emballe une épingle à tête de perle pour un monsieur qui attend en la dévorant des yeux.

Folleuil, *agacé.* — Vous ne savez pas du tout emballer ça... Voulez-vous me laisser faire? (*Il défait le papier.*) C'est mal arrangé, cela, ça n'a pas de mine... tandis que comme ça, est-ce assez gentil ? On dirait un petit paquet de pharmacien... (*Le monsieur attend, profondément énervé, que ce soit terminé. Quand Folleuil a fini de fignoler son petit paquet, il le lui remet accompagné d'un gracieux sourire.*)

Madame X... — Il était bien assez bien comme je le faisais, ce paquet ; il n'allait probablement pas au bout du monde avec sa perle, ce monsieur ?

Folleuil. — Non, il était vissé devant vous. Si vous croyez que c'est amusant de voir tous ces crétins-là vous examiner comme s'ils allaient vous manger !

La baronne. — Monsieur de Folleuil, voulez-vous me passer vos ciseaux ?...

Folleuil. — Mes ciseaux ? avec plaisir, madame, avec le plus grand plaisir... Seulement le tout est de remettre la main dessus, et pour le moment...

La baronne. — Comment ! mais il ne faut pas les quitter, vos ciseaux, sans cela ce sera toujours ainsi...

Folleuil. — Pardon, mais il faut cependant les poser, lorsqu'on ne s'en sert pas...

La baronne. — Ils ont une ficelle, c'est pour les pendre au cou.

Folleuil, *ahuri*. — Au cou ! Ah bien, non, par exemple !... (*La baronne s'éloigne.*)

Madame X... — Cette pauvre femme, personne ne l'aide. Où sont les petites de Rirfray?

Folleuil. — Est-ce qu'on le sait?... Chacun vient ici avec une arrière-pensée, voyez-vous. Les pauvres sont le prétexte à faire librement ses petites affaires... Les petites de Rirfray cherchent des maris qu'elles ne trouvent pas vite; madame de Vyelgarde cherche des amants qu'elle trouve toujours, qu'elle retrouve même, le plus souvent... La baronne veut que sa boutique gagne plus d'argent que les autres, elle sortira de sa poche ce qu'il faudra pour dépasser les voisines, bien juste, il ne faut rien gaspiller sans profit, mais enfin elle dépassera. Je suis, moi, ici pour vous, et vous y êtes pour tout le monde. Est-ce vrai? Avez-vous beaucoup pensé aux indigents quand vous avez commandé cette robe qui vaut à elle seule plus que tout ce qui est dans la boutique? Ah! les pauvres pauvres, ils ont bon dos!

L'EFFET QU'ON CROIT FAIRE
ET L'EFFET QU'ON FAIT

FRYLEUSE, EN PIERROT DE LA COMÉDIE ITALIENNE.

I. — CHEZ LUI

Il fallait un costume habillé des jambes... Je n'ai pas trace de mollets! et, en ajouter, c'est bien risqué... Je sens que je rougirais si une de ces dames me disait : « C'est à vous, Fryleuse, ces beaux mollets-là? » Ce pierrot est parfait... et, comme j'étais forcé de couvrir le bas, j'ai découvert le haut; j'ai fait décolleter largement le tour du cou... cela compense... et mon cou peut supporter l'examen le plus sévère... Il est blanc, rond, élégamment attaché, fort, malgré cela... Ah! ce n'est certainement pas pour me vanter, mais peu d'hommes ont un cou comparable au mien. Le chapeau aussi est très avantageux... Il projette sur les yeux une ombre qui leur

donne beaucoup d'éclat... Quand on sait le poser
de façon à obtenir ce résultat, on a des yeux véritablement phosphorescents.... et les femmes adorent
ça ! Mon cou est peut-être un peu trop nu... Je vais
y mettre un collier... ce sera une idée assez neuve...
Ah ! que cela va bien à la physionomie, un collier !...
Fryleuse, mon ami, tu es tout à fait en beauté ce
soir.

II. — AU BAL

DE QUÉBEC, en François Ier, fantaisiste MADAME DE PORPYR, en prince Charmant, M. DE HALBRAN, en capitaine Fracasse, et la PRINCESSE GYPSY, en bête à bon Dieu, examinent Fryleuse et son pierrot.

— Il est laid, ce costume ! Pourquoi a-t-il choisi
ce costume ample... vieillot ?...

— Il fallait quelque chose d'étoffé du bas... il n'a
pas de jambes...

— Pas de jambes ? Quelle horreur !

— C'est-à-dire pas de mollets...

— Ah ! à la bonne heure ; vous disiez pas de
jambes, je pensais à une difformité quelconque,
moi...

— Mais c'en est une, à mon avis, que de n'avoir
pas de mollets ; c'est si beau de beaux mollets !
Pour moi, un homme sans mollets n'est pas un
homme !

— Permettez, il me semble...

— Ah! chacun a là-dessus sa manière de voir; vous m'avez désillusionnée sur le compte de votre ami Fryleuse... Pas de mollets!

— En vérité, je suis désolé d'avoir parlé de cela... Je ne considérais pas cet accessoire comme indispensable... D'ailleurs on peut en mettre... C'est même la chose la plus facile à ajouter, on ne s'en aperçoit pas...

— Oui... au bal!... mais ailleurs?...

— Ailleurs?... Ah! dame, ailleurs?... ma pensée a de la peine à suivre la vôtre, et je le regrette, car elle doit être d'un... piquant...

— Et ce cou décolleté... C'est une faute de goût, cela?

— Pourquoi?

— Parce qu'un homme décolleté, c'est... Ah! ne me faites pas dire tout ce que je pense...

— Dites-le, au contraire, ça sera très amusant...

— Et puis, il met mal son chapeau. Un chapeau de pierrot se met en arrière, très enfoncé... mais jamais sur les yeux. C'est gauche... ça n'a pas de chic.

— C'est incroyable!... les hommes n'ont aucune idée, aucun instinct... Sortez-les de leur habit noir, de leur claque, de leur gardenia, du convenu enfin, ils sont absurdes...

5

— Tenez, cette soirée-là le coule, le beau Fryleuse; trop de cou et pas assez de mollets, il y a erreur dans la répartition.

MADAME D'AIGUILLON, EN MARION DELORME

I. — CHEZ ELLE

Il est réussi, mon costume!... C'est splendide le Louis XIII... quand on sait l'échancrer suffisamment! La coiffure convient à mon type : j'ai le profil fin, et ces bouclettes légères autour du front font ressortir le dessin des sourcils et des yeux... Et puis, avec ce costume, on peut supprimer les gants, et je ne suis pas fâchée de faire voir mes mains à ceux qui ne les connaissent pas... Tous ceux qui ne sont pas de mon intimité ignorent cette perfection, et quand on a des mains comme les miennes, on aime à s'en faire honneur... Marion Delorme! C'est peut-être un peu osé de dire qu'on représente une aussi célèbre beauté... Qui sait! je suis peut-être plus belle qu'elle... Comme cette grande collerette de toile garnie de vieux flandre fait valoir la gorge en suivant les contours! Je crois que ceux qui prétendent que j'ai trente-huit ans recevront ce soir un solide démenti... Si Cinq-Mars, Buckingham et les autres me voyaient au lieu de tous ces envieux!... Ah! c'était le bon temps! On faisait tout ce qu'on voulait... et on ne choquait personne!... c'était reçu... J'aurais bien pu prendre le même costume et dire que j'étais en « Duchesse d'Aiguillon »! Mais c'eût été de mauvais goût, et puis ma belle-mère n'aime pas qu'on batifole avec les ancêtres...

II. — AU BAL

Assis sur un divan, Saint-Cynnatus, en Nabuchodonosor, et des Açores, en champignon vénéneux, détaillent minutieusement le costume et la personne de madame d'Aiguillon.

— Il faut convenir que la doyenne de nos beautés n'a pas été heureusement inspirée en choisissant ce costume...

— C'est vrai, il l'engonce... Il la vieillit...

— Et, franchement, elle n'a pas besoin de ça.

— Non. Elle se faisande diablement depuis quelque temps...

— Dame, c'est qu'il y a longtemps qu'elle fait le bonheur de toutes les générations... successivement...

— Ça touche à sa fin. Personne ne la regarde plus...

— Allons donc! Le petit de Lastyng en est fou...

— C'est ce que j'appelle « personne ».

— A-t-on idée de se décolleter de la sorte... et

d'entourer un objet... défraîchi... d'une guimpe de toile d'un blanc dur et mat comme celui-là?... Si j'étais femme, et femme arrivée à ce degré de maturité et d'expérience, je voilerais cette profusion de richesses... un peu trop éparses... sous des dentelles jaunies ; je ramènerais, je soutiendrais... Enfin, je servirais tout autrement ma personne...

— Et cette coiffure?... Il faut avoir dix-huit ans pour supporter cette auréole de petits cheveux follets ; de plus, cet arrangement autour du front et des tempes exige un joli profil...

— Oh ! ça ! elle l'a, le joli profil !

— Elle l'avait, vous voulez dire ? A présent elle a le nez pincé, les narines serrées et parcheminées ; tout ça est émacié, allongé, archi-fané... et jamais on ne s'en est aperçu aussi nettement que ce soir, dans ce malencontreux costume.

— Qu'est-ce, en somme, que ce costume?

— « Marion Delorme ! » Pourquoi Marion Delorme, plutôt qu'Anne d'Autriche ou qu'une femme quelconque du règne de Louis XIII ? Je n'en sais rien.

— Alors, pourquoi dites-vous qu'elle est en Marion Delorme?

— Elle me l'a dit ; je répète consciencieusement, moi.

— Eh bien, je ferais volontiers un pari.

— Moi aussi.

— Vous ne savez pas ce que je veux parier ?

— Que si. Vous voulez parier que madame d'Aiguillon a eu une existence aussi... accidentée que celle de Marion Delorme ?

— Justement !

MADAME DE VESPÉTRO, EN MADAME RÉCAMIER

I. — CHEZ ELLE

C'est simple !... une robe blanche et une guirlande de roses ! Mais il y en a peu qui pourraient aborder ce costume-là !... Il faut être autrement belle et autrement tournée que les poupées françaises... Vont-elles rager !... Cela m'amusera ! Car, quoi que je puisse dire... je tiens à l'admiration des femmes... et rager, c'est leur manière d'admirer... On est tout de suite extrêmement décolletée avec ces tailles courtes... Mais quand ce qu'on voit est joli, il n'y a pas de mal !... Ces bandeaux rendent mon profil plus pur et plus régulier encore... Enfin, je suis une vraie madame Récamier... sauf que j'ai des... aptitudes différentes des siennes... Je suis aussi belle, mais plus complète qu'elle; voilà tout ! Le duc de Grenelle va être enchanté... ça lui rappellera sa jeunesse; il comparera et je ne crains pas la comparaison. Jusqu'à ces affreux souliers à co-

thurnes qui ne parviennent pas à enlaidir mon
pied... Ils ont beau faire, ce sont eux qui deviennent jolis!

II. — AU BAL

De Kummel, en Grand ministre, de Namur, en Antonin
Plinchard (Iᵉʳ acte), M. d'Horty, en grosse caisse, et la
Douairière de Laubardemont, en domino (loué à l'heure),
épluchent madame de Vespétro.

— Elle n'est pas réussie.

— Oh! pouvez-vous dire cela !

— Ah ! c'est exact...

— On voit bien que vous n'avez pas plongé dans le corsage.

— Pourquoi plonger! C'est inutile, tout remonte à la surface.

— Elle a une gorge admirable.

— C'est rebondi ; cela se présente...

— Cela s'offre même...

— C'est égal, il faut avoir une rude poitrine pour la montrer de cette façon, et avec ce genre de décolletage surtout.

— Ne croyez donc pas ça. On obtient des résultats étonnants avec un peu d'adresse. Ainsi, on place une serviette au milieu... dans le creux... on lace, on serre, on fait bomber, et quand tout est bien à sa place, on tire la serviette avec effort... et précaution. Joséphine, qui passait pour avoir une très jolie gorge, ne s'y prenait pas autrement; avec ces modes-là il n'y a que ça.

— Joséphine? Qui ça, Joséphine?

— Eh bien, mais l'impératrice.

— Ah! vous connaissiez l'impératrice Joséphine, madame?

— Non, mais je connaissais madame de Rémusat, qui me racontait les trucs et les potins.

— Madame de Vespétro a eu tort de choisir ce costume.

— Oui, il ne lui sied pas.

— Ce n'est pas seulement à cause de cela...

— Tiens! Pourquoi donc, alors?

— Mais parce que... avec sa conduite... ou du moins ses allures... on sait... on pense que... Enfin, entre elle et madame Récamier, il y a une différence.

— La différence est tout à son avantage, monsieur.

— Je suis, en ce qui me concerne, absolument de votre avis, madame.

— C'est égal, il ne faut pas se hâter de juger sa gorge par ce qu'elle est aujourd'hui.

Oh! nous l'avons tous jugée avant, madame.

MONSIEUR D'HABÉLAR, EN HERCULE FARNÈSE

I. — CHEZ LUI

C'est peut-être un peu... dégagé... mais ça me va si bien !... J'ai les épaules larges, le cou superbement attaché, la poitrine bombée, les cuisses et les bras musclés, et, avec cela, les pieds et les mains petits ! L'important n'est pas d'avoir un joli costume, mais bien un costume qui mette en lumière les parties remarquables ; tout est là... et il n'y a pas à dire, je ne pouvais pas tomber mieux. Ce maillot est vraiment d'un merveilleux tissu ; une souplesse, un grain... il joue la nature à s'y méprendre... c'est saisissant !... J'ai même peur que ça le soit trop, et que mon entrée n'effarouche les gens collet monté. Baste !... en drapant la peau de lion avec art ! Mais justement... voilà le chiendent !... On ne s'imagine pas à quel point il est difficile de draper pudiquement une peau de lion... D'abord, on croit que c'est grand, et pas du tout... c'est tout petit... et puis ça ne se prête pas aux enroulements savants... c'est raide !... Je ne suis pas très d'aplomb sur mes sandales, mais le maillot à doigts fait de jolis pieds... et ma massue... Voyons l'ensemble avec la massue... Fichtre ! elle est d'un lourd ! J'avais recommandé à cet imbécile de tourneur de me faire une massue énorme, mais creuse... ou en bois léger !... Qu'est-ce que c'est que ça ? de l'acajou massif... Je la déposerai dans un coin aussitôt mon entrée faite... C'est égal, je suis très beau, modestie à part, et je ne suis pas fâché de donner à mon nom un éclatant démenti... Quand on est campé comme moi, on ne craint plus les potins!

II. — AU BAL

Dans la serre, D'ALLALY, en Grec, MADAME D'HOASYS, en Manon Lescaut, le GÉNÉRAL DE BELPOYGNE, en manteau vénitien, et MADAME DE NYMBE, en fée aux roses, examinent attentivement M. d'Habélar appuyé sur sa massue.

— Je le trouve tout simplement horrible !

— Moi, je ne comprends pas qu'on ose choisir un pareil costume !

— Vous êtes bien bonne d'appeler ça un costume, par exemple !...

— Il est de fait qu'il est nu... Avez-vous vu la tête de Recta quand il est entré ?

— Et celle de sa femme donc ! Elle regardait le bout de ses pieds, tandis qu'il la saluait en se tortillant dans sa peau de lion... C'était d'un drôle !...

— Encore, si ça lui allait, on comprendrait cette... fantaisie, mais pas du tout. Il faut être

5.

grand pour représenter Hercule, et lui, il n'est que large...

— Et ses bras ! Regardez-moi ses bras ! on dirait les bras d'un homme qui scie du bois.

— C'est répugnant !

— Il a de très petits pieds, il faut lui rendre cette justice !

— Mais c'est précisément affreux !... ils sont élargis et écrasés par le poids de ce gros corps...

— D'ailleurs, ce n'est pas une beauté d'avoir de trop petits pieds... Voyez les statues grecques...

— Oh ! si vous venez parler de statues grecques ici... et à propos de d'Habélar encore...

— Est-il assez ridicule, essayant des poses sur sa massue ?

— Il est encore mieux que sans elle; il l'avait déposée au vestiaire pendant un moment, et il était tout à fait incomplet... Il ne savait que faire de ses mains et caressait tout le temps la peau de son lion d'un air si bête !...

— Enfin, en caleçon de bain on est plus habillé que ça...

— Oui, c'est-à-dire que le caleçon n'habille pas davantage, mais il rompt la ligne... c'est plus convenable.

— Comment ! est-ce que sous sa peau de lion il n'a même pas un caleçon quelconque?

— Si, pour la solidité, mais de la même couleur... le maillot est simplement renforcé... l'œil n'y gagne, ou n'y perd rien, comme vous voudrez.

— Et ce maillot qui dessine les doigts de pied... Moi, je trouve cela malpropre.

— Est-ce qu'il danse?

— Il n'a pas encore dansé; s'il danse, il quittera sa massue... peut-être aussi sa peau de lion...

— Oh!

— Dame, s'il tient à produire l'effet complet!...

— Je ne pourrai plus le voir autrement qu'en Hercule Farnèse...

— Oh! Hercule Farnèse! Si vous disiez en Hercule de foire, vous seriez plus dans le vrai.

Le général de Belpoygne, *confidentiellement*. — Voyez-vous, le manteau vénitien est encore ce qu'il y a de mieux.

MADAME D'ARMYDE, EN DANAÉ

I. — CHEZ ELLE

— C'est tout à fait un costume de fantaisie. Je tenais à être en Danaé, j'ai inventé un costume... Généralement Danaé est peu vêtue!... Cette gaze lamée est du reste aussi transparente que possible, et tous ces « louis » que j'ai fait faire imitent l'or à s'y méprendre... Je sais bien que Jupiter n'a pas versé sur Danaé des louis à l'effigie de la République, mais il fallait moderniser le personnage. J'espère que cet excellent duc va comprendre cette délicate insinuation, et que, voyant à quel point je suis jolie sous ce ruissellement d'or, il aura l'idée de m'en couvrir pour tout de bon. Cet entremêlement de pièces d'or dans mes cheveux fait un effet superbe; et les louis qui sortent du corsage... et cette poudre d'or sur les épaules et la poitrine... Oh!... je suis très belle ainsi; et ce vieux gâteux n'estime pas son trésor à sa juste valeur... Qu'il tâche de comprendre aujourd'hui... sinon...

II. — AU BAL

De Niederbrun, en siège de Kaïrouan, Xaintrailles, en Art d'aimer, dévisagent madame d'Armyde.

— Elle est folle!

— Eh! eh! ce n'est pas déjà si fou, ce qu'elle a fait là... Voilà ce qu'on peut appeler un « costume réclame », par exemple!

— Si au moins elle était jolie ainsi? Mais du tout!... Elle est finie, finie; une vieille farceuse, voilà tout ce qui restera d'ici à peu de la célèbre madame d'Armyde...

— C'est d'Estourdy qui doit être content d'en être débarrassé!...

— Nullement ; il paraît qu'il la regrette.

— Les mauvaises habitudes sont les plus difficiles à perdre.

— J'ai envie de lui jeter une poignée de louis.

— Imprudent ! Elle les ramasserait.

— Quel est l'heureux mortel auquel s'adresse l'insinuation de la pluie d'or ?

— Au duc, parbleu !

— Auquel ? car ce bal est tellement bien composé qu'on y marche sur des princes...

— Au duc de Grenelle.

— Ah ! toujours. Pauvre bonhomme ! il ne sortira pas vivant de ses mains... Eh bien, tout le monde, excepté lui, comprendra le pourquoi de la Danaé ; il n'est pas très perspicace, ce noble débris d'un autre âge.

JOYEUSE, EN ANNE DE JOYEUSE

I. — CHEZ LUI

— Je ne pouvais vraiment pas faire autrement... Dans une circonstance comme celle-ci, il faut absolument jouer des aïeux célèbres... Je sais bien qu'entre Anne de Joyeuse et moi, il n'y a jamais eu la moindre parenté, mais c'est précisément parce que cette parenté n'existe pas qu'il faut l'affirmer davantage. D'ailleurs, il est joli, ce costume

Henri III, et les mignons étaient gens de goût, ils savaient s'habiller... Je puis hardiment me peindre les yeux et les lèvres, c'est le complément obligé du costume ; ce qui m'ennuie, par exemple, ce sont les boucles d'oreilles... Cette pression continue va m'abimer les oreilles, et ce sera grand dommage, parce qu'elles sont charmantes ; j'aurais presque aussi bien fait de me les faire percer... Ce n'est pas très douloureux, dit-on, et, en n'y mettant rien, cela se serait refermé tout de suite... Comme mes yeux sont profonds et étranges !... Ce noir les agrandit et les accentue... Et ma bouche, elle est bien plus... appelante encore qu'à l'ordinaire... Allons, Anne de Joyeuse, la tête haute, et gare au premier maladroit qui ose douter que les liens du sang nous unissent !

II. — AU BAL

Les ETITES DE RIEFRAY, en abbés Louis XV, DE SAINT LEU, en gendarme de Geneviève de Brabant, MADAME DE NECTAR, en Hébé, et M. D'AIGUILLON, en Ménélas, contrôlent la régularité du costume de Joyeuse.

— Je vous dis que jamais il n'y a eu un Joyeuse pour de bon dans la famille de celui-ci.

— Oh ! vous êtes sûr ?...

— Parfaitement.

— Comment ! vous pensez qu'il aurait l'aplomb de prendre précisément ce costume, si...? Il se tiendrait tranquille et ne lèverait pas ce lièvre-là...

— Au contraire, il le fait lever, pour qu'on n'ait pas l'idée de le tirer au gîte.

— Il a eu tort, à tous les points de vue, de s'accoutrer ainsi...

— Pourquoi? Il est assez bien...

— Oui, mais... il a une beauté un peu efféminée... Ce costume de mignon... Enfin, il est assez difficile de vous expliquer ce que je veux dire...

— Il a une figure à laquelle les boucles d'oreilles vont très bien.

— Ça va à tout le monde, les boucles d'oreilles.

— Est-ce que vous ne croyez pas que M. de Joyeuse est peint ce soir?

— J'en suis même sûr, mademoiselle.

— Ah! je n'aime pas ce maquillage pour un homme.

— Vous êtes dans les bons principes, mademoiselle; mais, à la cour de Henri III, on n'était pas dans les bons principes, pas du tout et... voilà...

MADAME DE FLIRT, EN TIMBALE

I. — CHEZ ELLE

On trouve que je ressemble à Judic... Et j'adore

les costumes à chapeau... Celui-ci était tout indiqué... Je suis gentille sous ce petit chapeau... est-il assez en arrière ?... oui... ça va bien ainsi... C'est vrai que je ressemble à Judic... mais en mieux... J'ai le nez plus fin, la bouche moins épaisse, la figure moins carrée... Et la taille donc! quelle différence! cinquante-quatre centimètres! Tout ça ne m'empêche pas d'être très à mon avantage en Timbale; au contraire, ce costume me va à ravir. Cette chemise blanche bouffant sous les bretelles de velours laisse bien la poitrine à découvert, car j'ai décolleté le costume : montant, il n'était pas possible... Comme cette écharpe de guze sombre roulée autour du cou fait ressortir la blancheur du visage et du... reste ! On le voit un peu loin... le reste... Mais il est très bon à voir, et je connais beaucoup de gens qui ne s'en plaindront pas.

II. — AU BAL

M. D'ORONOE, en notaire Louis XIV, MADAME D'ÉGYDE, en sirène, DE QUIDROM, en incroyable, le jeune D'IGNAB, en mirliton, regardent madame de Flirt.

— En quoi est-elle donc costumée, madame de Flirt?

— En Timbale!

Monsieur d'Oronof, *protestant*. — Oh! pour quoi plaisanter ainsi des choses tristes?

— Comment! des choses tristes?

— Eh! oui. Je ne conçois pas qu'on ait le courage de jouer là-dessus, en présence de la gravité des événements.

— Mais jouer sur quoi, et de quels événements parlez-vous?

— Tous ces malheurs de spéculation...

— Mais, bon Dieu, en quoi s'en occupe-t-on?

— Vous dites que madame de Flirt est en Timbale, et je m'étonne que...

— Il s'agit bien de ça! Elle est en Timbale, un rôle de Judic...

— Ah! vous m'en direz tant...

— Elle a pris ce costume-là parce qu'elle s'imagine qu'elle ressemble à Judic...

— C'est vrai... seulement elle lui ressemble en charge : elle a le nez plus gros... la bouche moins... agréable, et elle est maigre comme un clou... A part cela et l'air intelligent, elle ressemble à Judic...

— Bigre! elle est décolletée, dans tous les cas...

— Ah! elle peut y aller hardiment, sans inconvénient, allez; je la défie bien de montrer quelque chose de... répréhensible...

LE DUC DE GRENELLE, EN BAYARD

I. — CHEZ LUI

Je tenais à une armure... Je voulais me donner la satisfaction d'endosser l'armure d'un de mes ancêtres... Je n'ai pas pu... J'ai fait copier celle-ci... Elle me coûte huit mille francs... C'est cher, mais c'est beau... Ah ! positivement, elle est très soignée, cette armure, et elle ne fait pas le moindre bruit en marchant... Le modèle faisait un vacarme... c'était insoutenable. Ils verront, tous ces petits messieurs, ce que c'est que les hommes issus de grande race... Tout le monde sait plus ou moins porter un habit, mais une armure... cet habit des preux !... Je m'exalte à ces souvenirs... Je sais bien que j'aurais pu venir simplement en manteau vénitien, mais je ne suis pas encore tout à fait sous la remise, que diable !... Madame d'Armyde m'aime, et elle m'aime pour moi-même, car, pour m'en assurer, je n'ai jusqu'ici rétribué son... bon vouloir que de caresses... Ah ! j'ai beau n'être plus jeune, je suis trempé !... Et puis, le prestige de la race... on n'explique pas ces choses-là !

II. — AU BAL

Madame de Charmeuse, en faunesse, de Nivo, en polichinelle, madame d'Houbly, en korrigane, M. de Paroly, en amiral suisse, se tordent de rire en entendant le duc de Grenelle s'avancer péniblement, fléchissant sous le poids de son armure et précédé d'un cliquetis de vieilles ferrailles.

— Pauvre homme! On n'a pas idée de ça.

— Il ne doute de rien.

— J'aurais de la peine à la porter, moi, cette armure!

— Et cette idée de représenter Bayard!

— Bayard qui est mort jeune!

— Ah! Bayard est mort jeune?

— Mais vous le savez bien.

— Mais non, je ne le savais pas, je le sais à présent parce que vous venez de me le dire; si c'est vrai, ça encore...

— Comment! si c'est vrai? Je ne me rappelle pas les dates précises, mais enfin il n'avait pas cinquante ans.

— Ah! c'est ce que vous appelez mourir jeune, vous?

— Mais oui. Vous m'accorderez bien au moins que cet excellent duc a quelques années de plus...

— Oh! je ne crois pas ; il est très mal conservé, mais il n'est pas très vieux.

— Il va s'avancer de dix ans en portant cet outil-toute la nuit.

MADAME DE PRYFIX, EN ALMÉE

I. — CHEZ ELLE

Je ne suis pas régulièrement belle, mais j'ai, au suprême degré, le je ne sais quoi qui empoigne les hommes. Je suis souple, dessinée en lignes serpentines et ondulées. J'ai des yeux immenses, une bouche sanglante, des dents invraisemblables, et des hanches!!! des hanches qui n'ont pas leurs pareilles, je le parierais. Le costume d'almée, avec la ceinture nouée lâche sur le ventre, accuse tous ces détails ; et puis il autorise des mouvements... des poses... desquelles je saurai profiter... Ce voile plat sur le front et fixé par des épingles de sequins va assez à ma physionomie. En somme, excepté mon nez, qui est trop aplati, tout le reste est joli... ou, au moins, plaisant... Je plais, c'est incontestable... J'en ai eu des preuves... convaincantes! Et, ce soir, je plairai plus que jamais!...

II. — AU BAL

M. d'Outrans, en Turc, de Ponnor, en syndicat heureux, de Rupin, en clown, et le petit de Lastyng, en forêt vierge, sont plongés dans la contemplation de madame de Pryfix.

— Mais, saperlipopette, je ne me doutais pas qu'elle était ainsi faite...

— Tiens !

— Pourquoi dites-vous « tiens » ?

— Pour rien.

— Mais encore ?

— Parce que je pensais que vous saviez, de reste, à quoi vous en tenir là-dessus...

— Mais, précisément, je la croyais beaucoup mieux...

— Cette ceinture au bas du ventre !...

— Et ces déhanchements !...

— Trop de provocation !...

Le petit de Lastyng, *avec admiration*. — Oh ! c'est tout de même une bien belle femme !

— Quelquefois... Quelquefois, je ne dis pas non ; mais pas ce soir, à coup sûr.

DU HELDER EN TORÉADOR

I. — CHEZ LUI

— J'aurais peut-être mieux fait de me décider

pour le Vélasquez... Mais non, ceci va... J'ai des mollets... Ah! quels beaux mollets! J'ai peur qu'ils fassent craquer mes bas gris-perle... Ce qui me plaît le moins, ce sont ces petits souliers sans talons... on glisse avec ça... Je suis sûr que je vais me fiche par terre... Il me fallait quelque chose d'espagnol à cause de mon teint mat et de mes grands yeux noirs... et les costumes anciens me forçaient à couper mes favoris. Or, je crois que, quand on coupe ses favoris, ils ne repoussent plus aussi soyeux, sans compter que c'est très long à repousser. En toréador les favoris sont, au contraire, nécessaires, ils complètent le costume... Tous les toréadors de Vibert ont des favoris. J'ai la taille fine, cette chemise molle brodée d'or la dessine bien et fait valoir l'ampleur de la poitrine... Le satin jaune va très bien à l'air de mon visage, et la culotte est vraiment très réussie... Elle colle, ah! mais... Heureusement que je ne suis pas un toréador pour de bon, car mes mouvements ne seraient pas très libres... C'est pas mal du tout comme ensemble. J'espère que madame de Vespétro sera satisfaite... Le malheur, c'est que cette Espagnole aime les hommes blonds... généralement... blonds et lymphatiques!!!

II. — AU BAL

D'Esprycour, en Louvois, MADAME DE NACRE, en Marguerite de *Faust*, le COMTE DE PROVENCE, en don Quichotte, MADAME DE VYELGARDE, en odalisque, et MADAME DES HESPÉRIDES, en grisette de Gavarni, contemplent du Helder.

— Il est commun, commun, ce soir...

— Est-ce que vous l'avez jamais vu distingué, d'autres soirs?

— Peut-être pas absolument, mais ce costume de toréador accentue tous ses défauts physiques; son teint paraît café au lait, au milieu de ce satin jaune; il a des yeux effrayants et des favoris trop noirs...

— Moi, il m'impressionne; je ne puis le regarder...

— C'est exagéré...

— Mais non, vous allez voir pourquoi.

— Voyons pourquoi, en ce cas?

— C'est toute une histoire.

— Racontez-la.

— Lorsque j'étais enfant...

— Il n'y a pas longtemps de cette histoire-là, alors!...

— Ah! n'interrompez pas...

— Quand j'étais enfant, mon grand-père reçut

un jour une gigantesque pièce de vin d'Espagne ; c'était un présent d'un vieux grand d'Espagne quelconque qui avait habité chez lui en 1814 quand les alliés étaient en France et que...

— Nous savons, nous savons...

— On goûta ce vin ; il était délicieux ; mais ma grand'mère s'opposa formellement à ce qu'il fût mis en bouteille, disant que les Espagnols laissaient toujours leurs vins en tonneau et le tiraient à même, qu'il devenait ainsi bien meilleur... Mon grand-père disait que non, que ce n'était bon que pour les alcools de rester en tonneau ; alors grand'mère affirmait que le vin d'Espagne c'était de l'alcool...

— C'est extrêmement intéressant...

— Attendez donc. On en but ainsi pendant cinq ou six mois, puis, un jour, la vieille femme de charge qui s'occupait de la cave prévint que rien n'arrivait plus au robinet... « C'est que le tonneau est vide, dit grand-père. — Mais non, il est presque aussi lourd! et on entend quelque chose qui ballotte dedans quand on le remue. » On fit monter le tonneau dans la cour et on le défonça.. Devinez ce qu'il y avait dedans?... Un Espagnol assassiné et conservé comme s'il était mort la veille ; grand'mère était enchantée, parce que ça prouvait qu'il y avait beaucoup d'alcool dans le vin d'Espagne...

— C'est saisissant, mais je ne vois pas pourquoi du Helder...

— Ah! voilà; c'est qu'il ressemble tout à fait à l'Espagnol du tonneau.

— Il était habillé en toréador aussi?

— Comment! habillé en toréador? il n'était pas habillé du tout.

— Ah!... alors...

— Mais c'est la figure...

— Oh! si ce n'est que la figure...

— Je le vois encore à moitié sorti du tonneau défoncé; c'était la même face livide encadrée de favoris noirs, les domestiques se sauvaient de tous côtés en criant, et moi je regardais, curieuse comme tous les enfants. Quand du Helder est venu me saluer tout à l'heure, il m'a semblé que c'était lui, et ça m'a jeté un froid.

— Je comprends ça... C'est vrai qu'il est verdâtre, ce malheureux du Helder...

— Il doit avoir une mauvaise santé, ce garçon-là...

— Positivement, il a l'air d'un mort...

— Et d'un mort conservé dans du vin d'Espagne sans alcool...

Et tout le monde regarde avec dégoût du Helder très étonné.

L'OEIL AU BOIS

Au Bois, dans l'allée des Poteaux. Il est neuf heures et demie.

I. — PRÉLUDE

Un monsieur sur un grand cheval bai. Jaquette gris-lilas, culotte gris de fer à guêtres pareilles; la guêtre terminée, en dehors, un peu au-dessous du genou, par un petit nœud de drap. Chapeau haute forme. Pas de gants. Un bâton bossu et noueux.
Le monsieur paraît agacé.

— Ah çà, personne ne monte aujourd'hui, je n'ai pas rencontré deux visages connus... Il fait pourtant un temps splendide. (*Il tire sa montre.*) Au fait, il n'est que neuf heures et demie, il est beaucoup trop tôt encore!... C'est égal, le cheval aimé pour lui-même doit devenir un objet extrêmement rare... Ah! des officiers!!... Une nuée d'officiers... au galop de charge naturellement...

Ça m'aurait étonné si je n'avais pas rencontré une nuée d'officiers, au galop de charge... C'est beau l'armée!... mais c'est encombrant!... (*Il part au galop*). Dieu, que ce cheval est désagréable!... Impossible de lui trouver la bouche... Je le prends sur le filet, il renifle le sable; je le prends sur la bride, il flanque des coups de tête et lève le nez au ciel à renverser son mors... et des réactions avec ça!... Comment diable ai-je été assez bête pour acheter un pareil carcan!... (*Il se met au pas.*) Ah! décidément, j'en ai assez des allures vives... sur cette rosse-là... Si au moins je rencontrais un ami... ou quelqu'un à qui parler!... Ah! j'aperçois M. et madame X... qui s'avancent majestueusement... Ça va bien faire mon affaire... des gens tranquilles, qui n'aiment pas à aller vite... Patatras! V... est avec eux... Impossible! il surveille madame X... et je rendrais la promenade insupportable pour cette pauvre femme, si je me joignais à eux!... V... est jaloux de tout le monde! et il travaille à isoler madame X... Il réussit, du reste... Allons, un beau salut cérémonieux et passons... Tiens! Alice, là-bas!... Si j'étais sûr que mon oncle et mes cousines ne vinssent pas au Bois ce matin... je la rejoindrais joliment... mais on dirait encore que je manque de tenue... Sapristi! cette malheureuse femme qui vient de passer est-elle assez ridicule!... C'est laid une femme à cheval quand ça n'est pas très joli...

UNE DAME, sur un cheval gris. Brune, petite, boulotte, très jolie. Amazone vert-bouteille extra-collante. Chapeau gris. Bouquet de mimosas au corsage. Un compagnon insignifiant et correct.

LA DAME, *à elle-même*. — Monter à cette heure-ci, c'est assommant!... Pourquoi pas à huit heures... en même temps que les officiers d'infanterie!... Oh! nous y arriverons... Il y a un an que je ne suis montée... le grand air m'étourdit... je ne me sens pas du tout à mon aise... On dit que c'est sain, le grand air, je ne sais pas trop... Je crois, au contraire, que c'est dangereux quand, depuis longtemps, on vit renfermé... Mon cheval est mou; je ne l'avais essayé qu'au manège, et je ne m'en étais pas aperçue autant... Allons, bon!... je suis couverte de poils. Ah! c'est l'inconvénient des chevaux gris, à cette saison surtout... C'est pourtant la seule couleur qui aille bien à une brune... il y a aussi un alezan très doré... mais c'est moins joli, et le poil se voit tout autant... Voyons si je vais retrouver quelques-uns des anciens habitués... Cela fait plaisir de revoir tous ces visages que l'on connaît sans savoir leurs noms pour la plupart... Il y a: le monsieur qui monte toute l'année, générale-

6.

ment, un assez beau cheval en bon état ; puis le monsieur qui ne paraît au Bois que quand la chasse à courre est fermée ; il monte le plus souvent le cheval sur lequel il vient de faire la saison, et ça se voit... Un peu trop en condition, ces chevaux-là... Puis, le cavalier de deux mois, avril et mai... cheval acheté au Tattersall, ou à l'Hippique, pour être revendu dans deux mois à un autre monsieur du même genre, auquel il rendra les mêmes bons offices sur une plage quelconque... Et les femmes donc !... Ah ! les femmes ! il y en a de charmantes, mais il y en a bien davantage des autres !... Personne... Ah ! décidément le bois n'est pas drôle ce matin... Tiens ! voilà un monsieur pas mal du tout qui s'avance... je ne l'ai jamais vu, celui-là... il est assez élégant et semble bien placé à cheval, autant qu'on peut en juger au pas ; il a les coudes raisonnablement écartés, sans que ça ait l'air d'ailerons qui battent l'air... Vrai, il est beaucoup mieux que ce que nous avons rencontré depuis une demi-heure... Ce n'est, du reste, pas extrêmement difficile...

II. — ANDANTE

Le monsieur, *croisant au pas*. — Tiens, tiens !... Jolie petite femme !... très jolie même... D'où diable sort-elle, celle-là?... On dirait qu'elle m'examine attentivement... Est-ce que je l'aurais rencontrée déjà ailleurs?... Ah! mais elle est très gentille... Une petite caille... Et mignonne, et bien posée sur cet affreux cheval gris, car il est affreux, ce cheval!... C'est toujours laid, un cheval gris... même quand c'est très beau!... Et ce n'est pas le cas de celui-là... Mais aussi il faut être plus bête que tout pour regarder le cheval quand il porte un amour pareil sur son dos...

LA DAME. — Il m'a drôlement regardée. (*Elle se retourne.*) Bon! il se retourne pour regarder encore... Et il a vu mon mouvement... C'est ridicule... Il va croire que je suis en admiration devant lui... On a bien raison d'apprendre aux enfants qu'on ne doit jamais se retourner dans la rue, ni montrer personne du doigt... Positivement, il a l'air très comme il faut, ce monsieur... Quel âge peut-il avoir?... trente ans? trente-deux ans peut-être?... Ce cheval est bien ennuyeux à monter... Il a l'air en bois... Je suis sûre qu'il ne me fait pas du tout valoir... (*Elle lui donne plusieurs coups de talon, le cheval rue sur celui du compagnon qui hasarde quelques timides observations, et se fait rembarrer de la bonne façon.*) Comment! il n'a rien fait!... Évidemment, puisque c'est précisément pour cela que je cherche à l'activer... Il ne manquerait plus que ça qu'il eût fait quelque chose!... Et puis, je ne me mêle pas de votre manière de monter, n'est-ce pas? Alors, ne vous occupez pas plus de moi que je ne m'occupe de vous...

Le compagnon. — ....!!!...!!!...

La dame. — C'est ridicule de ne pouvoir remuer le bout du pied sans avoir à soutenir des discussions sans fin... Est-ce que je vous dis que vous montez quatre fois trop long, moi?... que vous n'avez rien de fixe, rien! pas plus les mains que les jambes?... Ah! je voudrais vous voir, dans un manège, prendre une leçon et galoper avec une pièce de cinquante centimes sur chaque genou... Et votre dos?... vous l'arrondissez, vous faites le dos de chat; si vous croyez que c'est joli, ça encore!... Eh bien, est-ce que je vous parle de tout ça, moi? Est-ce que je vous tourmente? est-ce que je vous critique, moi?...

Le compagnon. — ....!!!

III. — PIANISSIMO

Le monsieur, *retournant sur ses pas*. — Je vais les rattraper... et puis je la recroiserai... et ainsi de suite, si le second examen lui est aussi favorable que le premier... Elle m'a semblé ravissante... et inconnue!... ce qui a bien son charme... c'est même, à mes yeux, son charme principal... C'est si agaçant de rencontrer toujours les mêmes visages, aux mêmes heures et aux mêmes places !... des visages plâtrés encore ! car je suis sûr que, passé quinze ans, pas un de ceux qui viennent ici n'est naturel... tandis qu'elle... une vraie pêche, un velouté ! Je parierais que jamais une houppe à poudre de riz n'a caressé ce visage-là. C'est une éblouissante fraîcheur... Quel est le monsieur qui l'accompagne ?... le mari, probablement. Sont-ce des étrangers ou des Français ?... (*Il suit à deux ou trois longueurs.*) Allons, bien !... les voilà qui se taisent brusquement... je voulais entendre quelle langue ils parlaient... La femme est bien « nature » pour une Française... et puis, ces cheveux bleus à force d'être noirs... des cheveux d'Espagnole ! ce pourrait bien en être une ?... Mais ils ont l'air trop distingué pour des Espagnols, ces gens !... Il me semble qu'elle a regardé de côté !... Quelle taille, et quelle... suite, surtout ! C'est charmant d'avoir ce... côté développé, à cheval... à cheval et partout, du reste... et elle l'a d'un développé !... Le corsage est aussi très opulent, comme on dit dans les livres... C'est égal, elle ne parle pas beaucoup... mais quelle jolie physionomie, quel air de douceur ! Je voudrais être à la place de son cavalier... C'est qu'il n'a pas du tout l'air satisfait, l'animal!... Ça doit pourtant être si gentil d'avoir un amour de petite femme comme ça à soi tout seul, rien qu'à soi!... Je sais bien qu'on n'est jamais absolument sûr de ça, mais enfin, on espère... Il est permis d'espérer... au moins en commençant... Celle-là doit être mariée depuis très peu de temps, elle a vingt ans, cette petite femme! Voyons!... me regarde-t-elle, oui ou non? Je voudrais bien le savoir exactement...

LA DAME. — Il est là!... Il nous suit à deux pas... je n'ose pas me retourner complètement et je voudrais cependant savoir... Qui ce peut-il être? Si nous rencontrions X... qui connaît tout le monde, il me dirait ça tout de suite, mais voilà! On rencontre toujours X... qui est ennuyeux, quand on n'a pas besoin de lui, et puis, quand on en a besoin, va te promener!... Ah! voici la toujours belle madame de Vyelgarde, je vais avoir l'air de la regarder en passant... et de cette façon je verrai l'autre... Il a une figure très agréable... et il est bien évident qu'il suit... Est-ce assez énervant d'avoir un cheval aussi calme!... on a l'air bête là-dessus. Ce n'est pas un cheval, c'est un mouton... Ce n'est pas comme le sien, il se tourmente, il se tracasse... Ah! il se décide à partir au galop...

IV. — CRESCENDO

Le monsieur, *dépassant*. — Il fallait me décider à les dépasser, cette situation ne pouvait pas se prolonger; ce diable de cheval trépignait... et précisément l'allée est un vrai marécage à cette place; j'aurais fini par leur envoyer une plaque de boue... une de ces grosses plaques qui s'écrasent sur la partie touchée, en produisant un bruit sourd... Je sais bien la partie que je toucherais, si j'étais la plaque... C'est-à-dire que je n'ai jamais vu une femme sculptée comme celle-là... Ça fait rêver, toutes ces rondeurs... Comment est-il possible que je n'aie pas encore rencontré cette femme-là?... Elle produit sur moi une impression profonde, je suis pincé... C'est positif, je le suis!... Je vais retourner et les croiser de nouveau... Si je pouvais, au passage, lui faire adroitement comprendre quels sont les sentiments tumultueux qui m'agitent...

La dame. — Comment! c'est lui qui revient là au-devant de nous!... Ah! mais il y tient... c'est une chasse en règle... Il est bien campé à cheval, très bien même!... Oh! oh! quel œil il m'a lancé en passant!... cela devient sérieux... C'est qu'il est charmant, quoique moins jeune que je ne l'avais cru d'abord... Il a les cheveux tout gris... J'aime

certainement beaucoup le gris, mais plutôt pour
des chevaux que pour ces cheveux... Il a la peau
très fraîche encore, et c'est ce qui le sauve... et
puis il est bien habillé; jamais les gens très
jeunes ne sont bien habillés; j'ai remarqué cela : il
faut de l'expérience, il en est de même pour les
femmes; il y a dix ans, je commettais souvent des
fautes de goût, que je ne commettrais plus aujour-
d'hui... Et c'est ainsi pour tout... On gagne en savoir ce qu'on perd en fraîcheur. Il y a des gens
qui préfèrent la fraîcheur; d'autres, et ce sont heureusement les plus nombreux, qui préfèrent le
savoir... Enfin, que veut-il, ce monsieur?... Va-
t-il continuer longtemps le même manège?... Pour
être vraie, j'avoue que cela m'ennuierait beaucoup
s'il ne continuait pas... Il est l'intérêt de ma promenade, qui était bien incolore il y a un quart-
d'heure...

V. — FORTE

Le monsieur. — Cette fois elle m'a bien positivement regardé... Et quel regard !... Une flamme
qui serait en velours... en velours dahlia; car ils ne
sont ni bleus, ni noirs, ni verts, ni violets, ni gris,
ces yeux étranges, ils sont dahlia! Elle a souri, elle
a des fossettes qui creusent un trou rose aux joues

et au menton... C'est délicieux, ces fossettes, et ça ouvre un horizon... ça ne va jamais que par demi-douzaines, les fossettes... C'est très connu... Ah! il faut absolument que je la *redépasse*... Retournons...

LA DAME. — Je l'entends là, tout près... Il va encore dépasser; même, en louchant un peu, je le vois... il a les pieds petits et très bien chaussés... et les genoux tout petits aussi!... C'est indispensable, quand on porte des culottes serrées du genou. Si on les a gros, c'est ignoble, ça a l'air de sacs de noix... Ah! voilà le cheval qui recommence à se défendre... si seulement le mien avait l'idée d'en faire autant!... Je ne connais rien d'agaçant comme ces chevaux endormis... (*Au compagnon qui lui parle.*) Qu'est-ce que ça peut vous faire, si ce monsieur préfère cet endroit de l'allée? Cet endroit change?... Eh bien, est-ce que j'y puis quelque chose, moi?... Qu'est-ce que vous dites?... Ah! à la bonne heure! je croyais que vous alliez encore grogner... C'est parce qu'il envoie de la boue?... Mon Dieu, vous vous brosserez, voilà tout! C'est pour moi?... Oh! ne vous inquiétez pas de moi, cette boue m'est agréable, ainsi vous auriez tort de vous en tourmenter...

VI. — APPASIONATO

Le monsieur. — Elle a souri tout à fait et elle a des dents !!! Ah ! quelles dents ! courtes, serrées. Des dents comme celles d'un petit renard... c'est une perfection que cette femme ! et je suis sûr que le moral est aussi réussi !... Dieu ! qu'elle doit être jolie ! avec ses cheveux noirs flottants, la couvrant tout entière, pas trop cependant, et des fossettes aux épaules, aux coudes, partout !!! Je ne lui déplais pas, c'est certain... elle me regarde, sinon avec bienveillance, du moins avec attention... c'est déjà quelque chose !... Et puis, elle doit être curieuse... je vois ça à son nez... Il est incroyable que ce trésor m'apparaisse aujourd'hui pour la première fois... je me sens transformé... Le monsieur doit commencer à remarquer que j'ai une façon de me promener un peu fantaisiste ; mais, ma foi, tant pis !...

La dame. — Je ne puis m'empêcher de le regarder quand il passe ; c'est inconvenant, mais c'est plus fort que moi... Si je ne le voyais plus... quelque chose me manquerait... Qu'il fait beau ! que c'est bon de vivre par ce beau soleil !... Que tous ces cavaliers me paraissent lourds et vilains en comparaison de lui !... ce n'est pas qu'il ait rien de particulièrement remarquable, c'est l'ensemble qui est charmant.

VII. — FINALE

Le monsieur, *revenant*. — Je vais revoir ses yeux... son sourire... Je suis stupide de m'emballer comme ça, mais ça y est... ça y est bien!! Ah! comme elle m'a enveloppé de son regard chaud et profond!... (*Il tire sa montre.*) Onze heures et demie!!! déjà! Sapristi! je vais être joliment en retard pour le déjeuner, je n'ai que le temps de filer, et lestement!!!... (*Il part au grand trot sans se retourner.*)

La dame, *à son compagnon*. — Quelle heure est-il donc?... Onze heures et demie! Ah! c'est cela! je sentais une faim extraordinaire... nous avons fait une promenade de plus de deux heures, sans que ça paraisse... (*Elle part ventre à terre.*

IMMORALITÉ

Et les voilà, Elle et Lui, rentrés, déjeunant du meilleur appétit du monde, sans penser une seule fois à la rencontre du matin!!!...

L'HOMME REMARQUABLE

Chez la princesse Gypsy. Un petit salon Louis XVI.
La princesse Gypsy. — Trente-cinq ans. Grande, rousse, les yeux verts, traits irréguliers, taille admirable. De l'esprit et pas de préjugés.
Monsieur d'Horty. — Quarante ans. Grand, encore très beau, mince et bien tourné. Peu de cheveux et beaucoup de prétentions, très justifiées d'ailleurs.
Pluton, grand caniche noir.

Monsieur d'Horty. — Je ne vous dérange pas ?

La princesse Gypsy. — A présent, pas du tout.

Monsieur d'Horty. — Ce qui signifie que plus tard...

La princesse. — Quand il sera l'heure de ma promenade, je vous avertirai...

Monsieur d'Horty. — Votre promenade ? Si vous disiez la promenade de votre chien, ce serait plus exact ; voilà un individu à la place duquel je voudrais être, par exemple... Vous l'aimez plus qu'aucun de vos amis, ce chien ?

La princesse. — C'est vrai.

Monsieur d'Horty. — Et vous l'avouez, encore?

La princesse. — Je dis toujours ce que je pense.

Monsieur d'Horty. — C'est quelquefois un tort.

La princesse. — Ah çà, d'Horty, quelle mouche vous pique? Êtes-vous venu me voir pour me réciter des sentences?... Si cela est, je vais avancer l'heure de la promenade de Pluton.

Monsieur d'Horty. — Non, je vous en prie, restez. Savez-vous que vous embellissez tous les jours?

La princesse. — C'est étonnant, je trouve le contraire.

Monsieur d'Horty, *inspectant l'appartement*. — Comme c'est gentil, chez vous! c'est coquet sans abus de bibelots!... Oh! les bibelots!... .

La princesse. — Je les adore.

Monsieur d'Horty. — Et moi, je les exècre! Les appartements dans lesquels on ne peut bouger sans renverser un chien de faïence ou sans s'embobeliner les jambes dans une draperie de velours négligemment jetée sur un chevalet, c'est la plaie du temps! Chez vous, c'est joli, intime, riant...

La princesse, *le regardant*. — Qu'est-ce que vous avez donc aujourd'hui?

Monsieur d'Horty. — Mais rien.

La princesse. — Vous me faites des compliments

sur mon physique, sur mon appartement... Vous êtes en froid avec madame de Nacre?...

Monsieur d'Horty, *riant jaune.* — Moi? Parce que je vous fais des compliments, je...?

La princesse. — Eh! sans doute! Les compliments que l'on fait à une femme sont presque toujours un blâme à l'adresse d'une autre; madame de Nacre a son hôtel encombré de bibelots...

Monsieur d'Horty. — Je ne vois pas à quel propos le nom de madame de Nacre est prononcé ici...

La princesse. — Vous avez raison de jouer l'étonnement; il y a si peu d'hommes discrets, à présent! Cela ne m'empêche pas de savoir ce que je sais; et, tenez, d'Horty, tout remarquable que vous soyez, vous finirez par l'ennuyer, madame de Nacre! Vous verrez ça.

Monsieur d'Horty. — Moi?

La princesse. — Oui, vous. Cela vous étonne que quelqu'un ose vous parler ainsi?... Vous n'avez jamais rencontré cette sincérité, chez une femme surtout; vous êtes habitué à être admiré à genoux... Prenez garde, mon ami, l'heure de la retraite arrive à grands pas, et elle sonnera d'autant plus tôt que vous ne semblez pas vous apercevoir de son approche...

Monsieur d'Horty, *un peu pincé.* — Vous êtes très aimable.

LA PRINCESSE. — Madame de Nacre vous a adoré comme vous ne l'aviez jamais été avant et comme vous ne le serez jamais après elle...

MONSIEUR D'HORTY. — Mais...

LA PRINCESSE. — Inutile de protester; tout le monde a assisté au début de cette passion. Ç'a été le vrai « coup de foudre », pour sa part, bien entendu; car vous, vous ne l'aimiez pas du tout; elle s'est donnée à vous en huit jours, sans résistance, sans lutte, avec une facilité qui, jointe à la bizarrerie de ses allures, vous a fait penser que vous n'étiez pas son premier amant. Ce jour-là vous vous êtes mis le doigt dans l'œil jusqu'au coude; vous avez dû vous en apercevoir depuis. Pauvre petite ! Comme elle vous aimait et comme vous la terrorisiez ! Elle avait de vous une peur touchante. Je vois encore ses grands yeux effarés lorsqu'elle guettait votre regard, peu aimable généralement. A ce moment-là j'aurais désiré la connaître davantage pour pouvoir lui donner quelques conseils.

MONSIEUR D'HORTY. — Merci.

LA PRINCESSE. — Car elle était absolument naïve, en dépit de sa réputation et de son laisser-aller...

MONSIEUR D'HORTY, *aigre*. — Et de son âge, car elle avait trente ans.

LA PRINCESSE. — Oh ! cela ne fait rien du tout à l'affaire; je connais bien des femmes de vingt ans qui en savent plus long que celles de trente-cinq.

Monsieur d'Horty, *railleur.* — Que vous, par exemple ?

La princesse. — Non, moi je suis très instruite ; mon éducation m'a coûté assez cher pour cela. Je ne pose pas pour l'innocence, moi, et les petites railleries, à ce sujet, me sont indifférentes ; seulement, je ne puis rester froide spectatrice de ces sortes de luttes. Avez-vous quelquefois remarqué aux courses un ancien jockey cassé ou perclus qui vient regarder monter les autres ? Suivez ses mouvements ; il vit de la vie de ceux qui sont à cheval. Il pousse, retient, roule à l'arrivée et monte la course en imagination ; eh bien, d'Horty, je suis absolument comme ce jockey.

Monsieur d'Horty. — Au moins vous êtes franche, vous.

La princesse. — Je vous l'ai déjà dit. Donc, madame de Nacre était naïve et ignorante ; vous vous êtes bien gardé de la dépraver, elle aurait cessé de vous amuser ; c'était une variété nouvelle, que cette petite femme aimante, soumise, remplie d'une respectueuse admiration pour vous, qui la traitiez assez mal, et n'essayiez même pas de lui faire croire qu'elle était aimée. Vous lui faisiez des scènes de jalousie, jalousie toute d'amour-propre, et vous éloigniez d'elle ceux ou celles qui auraient pu chercher à lui ouvrir les yeux. Cela a duré ainsi pendant... combien ?...

Monsieur d'Horty. — Deux ans.

La princesse, *riant*. — A la bonne heure ! Voilà aussi que vous êtes franc... Ça se gagne, il paraît. Pendant ces deux années, vous vous êtes mis à aimer madame de Nacre... Avez-vous été touché par cette adoration profonde? Est-elle assez séduisante pour vous avoir empoigné? Toujours est-il que vous l'avez aimée pour tout de bon, et vraiment gentiment pendant un instant; c'était il y a six mois...»

Monsieur d'Horty. — Mais comment savez-vous... ?

La princesse. — Ce n'était pas difficile à deviner; elle se dilatait, cette pauvre petite; ça faisait plaisir à voir. Malheureusement, cela n'a pas duré longtemps; votre caractère aimable a repris le dessus; alors vous êtes devenu agressif, tracassier, méchant; vous lui avez dit des choses dures, blessantes, pénibles à entendre, surtout venant de vous qu'elle adore; elle a essayé de se redresser! Ah bien, oui! vous l'avez aplatie; je me souviens vous avoir vus tous deux, à un bal chez les Pondor; vous veniez de lui faire sentir désagréablement qu'elle se fanait. Ce soir-là, j'ai prévu ce qui arriverait prochainement. Lorsqu'on dit à une femme qu'elle vieillit et que cette femme vous aime, elle hésite immédiatement entre deux partis : si elle est sotte, elle pleure, se désespère et enlaidit; si elle a de l'esprit et du ressort, elle prend un autre amant, afin de se bien convaincre qu'elle peut être aimée encore. Je crois que madame de Nacre a de l'esprit, n'est-ce pas ?

Monsieur d'Horty, *vexé*. — Vous vous moquez de moi, vous saviez ce que..., ce qui m'est arrivé ?

La princesse, *riant*. — Je ne sais rien du tout, mais j'ai deviné tout de suite à votre entrée.

Monsieur d'Horty, *souriant, mais toujours vexé*. — Cela se voit à ma figure ?

La princesse. — Ne cherchez donc pas à faire l'indifférent. Allez! si vous saviez combien je donne peu dans tout cela, moi! Ragez donc une bonne fois; vous en mourez d'envie. Cassez quelque chose, dites-moi des sottises, si vous voulez; mais prenez garde, pas de mouvements trop brusques devant Pluton, il vous mordrait.

Monsieur d'Horty. — Eh bien, oui, j'ai eu de l'humeur, j'ai été tellement saisi de cette façon d'agir...

La princesse. — Vous préfériez que ce fût vous qui...? Je comprends cela.

Monsieur d'Horty. — Mais enfin, à quoi avez-vous deviné...?

La princesse. — A tout. D'abord, il y avait quatre ans que vous n'étiez venu me voir à deux heures ; vous veniez à mon jour, afin de rester cinq minutes et de vous éclipser discrètement. Ensuite, vos compliments sur ma personne : compliments que j'ai attendus pendant dix ans, car il y a, je crois, dix ans que nous nous connaissons ; puis, l'inspection de mon appartement, où vous constatiez avec plaisir l'absence de ce qui vous agaçait chez madame de Nacre. Enfin, que voulez-vous? j'ai compris tout de suite que vous veniez m'offrir la succession ; me suis-je trompée?

Monsieur d'Horty. — Mais...

La princesse. — Vous vous êtes dit : « Elle était naïve, aimante et tendre ; prenons une rouée, ça me changera... »

Monsieur d'Horty. — Madame...

La princesse. — Ne protestez donc pas ; si vous saviez comme ça m'est égal. — L'opinion des autres, je m'en fiche, mon bon d'Horty ; il y a beaucoup de gens qui me jugent... il n'y en a pas qui me connaissent !

Monsieur d'Horty. — Si vous vouliez me permettre de dire un mot...

La princesse, *se posant dans son fauteuil.* — Allez! je vous écoute... religieusement...

Monsieur d'Horty. — Je vous dirai que ce n'est pas, comme vous semblez le croire, d'aujourd'hui que... que l'idée m'est venue de... de...

La princesse. — Voyez-vous, vous avez besoin d'être interrompu; quand on ne vous interrompt pas, ça ne va plus du tout...

Monsieur d'Horty. — Si vous croyez que vous n'êtes pas déconcertante, vous?...

La princesse. — Moi! déconcertante? pour un bon petit jeune homme timide et amoureux, je le veux bien; mais pour M. d'Horty! le beau d'Horty! c'est autre chose! Allons donc! Si vous pensez que je gobe tout ça, moi? vous n'y êtes pas du tout.

Monsieur d'Horty. — Vous me croyez un aplomb...

La princesse. — Énorme. Je suis convaincue que quand vous entrez dans un salon, vous vous dites : « Tous ces gens-là sont des gnafs! il n'y a que moi qui suis bien. » Vous avez raison, du reste, c'est le vrai moyen de réussir.

Monsieur d'Horty. — De réussir! Qu'appelez-vous réussir? Je vous en prie, soyez bonne, je vous jure que je vous aime vraiment... vous le savez bien... Vous vous en êtes aperçue bien des fois;

vous êtes belle à tourner la tête à un saint... Il y a longtemps que je suis fou...

La princesse, *railleuse*. — Si longtemps que ça? Alors comment m'expliquerez-vous madame de Nacre? Est-ce comme dérivatif?

Monsieur d'Horty, *se rapprochant*. — Ne parlons pas de madame de Nacre.

La princesse. — Parlons-en, au contraire, car si je fais quelque chose pour vous, ce sera uniquement à elle que vous le devrez...

Monsieur d'Horty, *étonné*. — Comment cela?

La princesse. — Oh! ne me questionnez pas, je vous prie.

Monsieur d'Horty, *se rapprochant encore*. — Non, je vous regarderai, cela me suffira.

La princesse, *moqueuse*. — Ah! tant mieux, je craignais que vous fussiez plus exigeant.

Monsieur d'Horty, *la dévorant des yeux*. — Je ne sais plus ce que je dis... Eh bien, oui, quand je suis arrivé, je venais tâter le terrain sans idée bien arrêtée encore... Vous m'avez enveloppé, abruti. Votre étrange beauté étonne et grise ceux qui se permettent de la contempler en face et qui osent la désirer... Oh! ne me regardez pas avec de grands yeux méchants... (*Elle le regarde tendrement.*) Oh! ainsi... regardez-moi ainsi... ainsi toujours... De quelle couleur sont-ils donc, vos yeux?

La princesse, *distraite*. — Je ne sais pas trop... flamme de punch, je crois.

Monsieur d'Horty, *en extase*. — Oui, c'est cela, flamme de punch... (*Il lui prend les mains et les embrasse.*) Jamais je n'ai éprouvé pareille joie.

La princesse. — Jamais ?... vraiment ? Cela prouve que vous avez les sensations... tardives, voilà tout.

Monsieur d'Horty. — Oh! ne vous moquez pas d'un sentiment respectable, après tout.

La princesse. — Respectable! n'employez donc pas des mots que vous ne comprenez pas.

Monsieur d'Horty. — Mais je vous adore... je... Vous ne voyez donc pas dans quel état je suis?... regardez-moi...

La princesse. — Si, si, je vois... Vous avez le sang à la tête, mon cher d'Horty, il faut prendre l'air.

Monsieur d'Horty. — Mais vous savez bien que c'est vous qui... Comment! vous n'êtes pas touchée par...?

La princesse. — Touchée? Nullement. Vous avez même tort d'insister autant là-dessus... Tenez, j'ai un cocher qui est très beau. Je ne sais si vous l'avez remarqué, mon cocher, mais il est bien mieux que vous; je ne puis lui parler sans qu'il devienne à l'instant comme un coquelicot... Je ne crois pas que ce soit le respect qui... Enfin, vous comprenez? Eh bien, cela ne me touche pas du tout, mais du tout, d'inspirer ce... sentiment...

Monsieur d'Horty. — Oh! si vous comparez...

La princesse. — Eh! sans doute, je compare... Où est la différence, je vous prie? Vous arrivez chez moi avec l'intention bien arrêtée de me proposer d'être votre maîtresse...

Monsieur d'Horty. — Mais...

La princesse. — Ce n'est pas cela?...

Monsieur d'Horty. — Si, mais...

La princesse. — Dans ce cas, ce n'était pas la peine de m'interrompre. Donc, vous m'offrez la succession de madame de Nacre, vous me baisez les mains, vous vous montez, et vous trouvez que je dois être extrêmement flattée d'inspirer une passion au beau d'Horty; car les gens bien élevés appellent ce genre de sensation « une passion ». C'est absurde, mais c'est décent... Eh bien, je veux mieux que cela, moi; je ne me contente pas de ce que vous m'offrez.

Monsieur d'Horty, *avec élan*. — Que voulez-vous? ma vie, ma fortune, ma carrière, tout est à vous...

La princesse. — Il s'agit bien de ça? Que voulez-vous que je fasse de votre vie? Cela m'encombrenait. Non, vous êtes un homme remarquable.

Monsieur d'Horty, *modeste*. — Oh!...

La princesse. — On me l'a dit; car je n'ai pu, jusqu'à présent, en juger par moi-même. Or, je consens à être la maîtresse d'un homme remarquable...

Monsieur d'Horty, *transporté*. — Quoi? vous...

La princesse. — Seulement, prouvez-moi que vous êtes cet homme-là?

Monsieur d'Horty. — Que je...

La princesse. — Oui. Je vous donne une heure pour me démontrer clairement ce fait; je ne demande qu'à croire... (*Elle prend sur la table une petite pendule d'émail ancien et la pose devant elle*). Vous êtes entré à trois heures... Eh bien, à quatre heures je suis à vous, si vous avez rempli les conditions exigées. Vous voyez qu'avec moi les préliminaires ne sont pas longs...

Monsieur d'Horty, *ahuri*. — Mais vous voulez une chose impossible!... Comment puis-je ainsi... au commandement?...

La princesse. — Mais on ne vous demande pas d'être éblouissant... Non, du tout... Soyez seulement remarquable... un peu remarquable... Allez, je vous écoute... Amusez-moi...

Monsieur d'Horty. — En vérité, je suis saisi...

La princesse. — Vous avez tort. Un homme

remarquable ne doit jamais être saisi ; il faut laisser cela aux gens ordinaires, pour lesquels c'est une ressource... au moment du danger. Voyons, parlez-moi de n'importe quoi ?... amour, si vous voulez, je permets tout... Dépêchez-vous seulement, le temps marche et Pluton commence à faire les cent pas...

Monsieur d'Horty. — En effet, ce maudit chien...

La princesse. — Aïe ! quelle faute ! Critiquer Pluton ! voilà une maladresse, pour commencer...

Monsieur d'Horty, *se levant et s'adossant à la cheminée*. — Je ne sais où j'en suis... je crois que je vais devenir fou ! Comment ! c'est lorsque je suis au paroxysme de l'exaltation, lorsque je ne puis même plus rassembler mes idées, que vous venez me demander d'être remarquable ? Mettez-moi tout de suite à la porte, j'aime mieux cela !

La princesse. — Voilà donc ce monsieur si admiré, cet homme d'esprit, ce conteur que l'on s'arrache, cet homme d'expérience toujours prêt à faire face aux exigences de la vie, à tout surmonter, à franchir tous les obstacles !... Mais, mon pauvre ami, vous n'êtes même pas capable de les tourner...

Monsieur d'Horty. — Vous jugez sévèrement

un malheureux placé dans la situation la plus fausse, la plus...

La princesse. — Sortez-en. Je vais vous aider un peu. Racontez-moi — je ne suis pas bégueule, vous le savez — ce que vous ferez à quatre heures, si, convaincue de votre supériorité, je... tombe dans vos bras.

Monsieur d'Horty. — Vous voulez que... que je ?... Mais...

La princesse. — Ah! vous ne saisissez pas vite la perche qu'on vous tend... Comment! si dans une demi-heure je vous dis : « Je suis à vous », vous resterez à me regarder dans le blanc de l'œil, sans bouger ?...

Monsieur d'Horty. — Naturellement non...

La princesse. — Eh bien, alors, racontez-moi ce que vous ferez... Allons, allons...

Monsieur d'Horty, *anéanti*. — Mais ces choses-là ne se racontent pas...

La princesse. — Pourquoi, puisqu'elles se font ?... Je voudrais, moi, savoir à quoi m'en tenir sur ce qui m'attend... Je ne suis pas une ingénue, n'est-il pas vrai? je suis même un peu blasée, et je serais heureuse si une surprise m'était réservée. Vous ne dites rien ?...

Monsieur d'Horty, *rassemblant son courage*. — Vous voulez savoir ce que je ferai! Eh bien !

(*il s'assoit sur un grand coussin placé aux pieds de la princesse Gypsy*) je me coucherai ainsi à vos pieds, et je vous dirai d'ordonner ; je...

Pluton s'élance sur M. d'Horty en grognant, M. d'Horty le repousse ; le caniche lui saisit le bras entre ses dents.

La princesse. — Levez-vous ! levez-vous vite ! il va serrer !... C'est son coussin, et il ne permet à personne d'y toucher... Ah ! pour cela, il est intraitable !

Monsieur d'Horty, *se frottant le bras*. — Charmant animal !

La princesse. — Heureusement il n'a pas serré !

Monsieur d'Horty, *se frottant toujours*. — Pas serré, pas serré...

La princesse. — Il n'y a pas même de trous à votre manche... Reprenez votre récit.

Monsieur d'Horty, *furieux*. — Que voulez-vous que je reprenne ?... Je ne sais plus seulement de quoi j'allais vous parler. Je vous adore, vous m'abrutissez par vos moqueries et ça ne suffit pas encore ; il faut que votre chien se mette de la partie !... (*Pluton recommence à gronder sourdement.*)

La princesse. — Il est certain qu'il est mécontent... Voyez-vous sa lèvre ?... Quand il la retrousse ainsi, en montrant une seule dent de côté, c'est qu'il s'apprête à mordre; quand il rit, on voit trois dents.

Monsieur d'Horty. — C'est charmant !

La princesse. — Il sera quatre heures dans cinq minutes; j'ai le regret, mon pauvre d'Horty, de constater que vous avez été assez terne pendant l'heure qui vient de s'écouler. Ma parole, je n'aurais pas été fâchée de connaître l'homme remarquable duquel toutes les femmes sont folles... Relevez donc le nez, il n'y a pas de quoi avoir l'air si penaud... (*Elle rit.*)

Monsieur d'Horty. — Vous riez ?

La princesse. — Oui. Savez-vous à quoi je pense ?

Monsieur d'Horty. — Non, à quoi ?

La princesse. — Je pense que si, à l'instant, au mépris de nos conventions, je vous disais le fameux : « Je suis à vous », vous ne seriez peut-que pas très... désireux de... Ah ! la bonne figure être vous faites !

Monsieur d'Horty. — Mais... je...

La princesse. — Cette fois Pluton veut absolument sortir, son heure est passée depuis longtemps... comme la vôtre... Je ne vous retiens plus; vous avez votre liberté... jusqu'à demain, car j'espère bien que pour prendre votre revanche, vous reviendrez demain?...

Monsieur d'Horty. — Jamais!!!...
La princesse. — Bah! quand je voudrai!
M. d'Horty sort furieux.
Pluton, joyeux, bondit dans l'appartement.

CHASSEURS POUR RIRE

MESSIEURS LES MILITAIRES

Le général de Labaderne. — Grand, gros, colossal. A été extrêmement beau, est encore très présentable. A eu quelques succès et croit en avoir eu bien davantage. Pèse 105 kilos, chasse en tenue sur des chevaux superbes.

Son officier d'ordonnance. — Jeune, joli, gentil, très élégant. Monte très bien à cheval.

Le colonel Ramolly (cavalerie, chasseurs). — Monte un cheval arabe blanc truité.

Le major Vervidey. — Monstrueusement gros.

Le lieutenant-colonel (infanterie). — Autre cheval arabe qui cherche à sauter sur son compagnon et poursuivra son idée tout le temps de la chasse.

Capitaines, lieutenants, officiers sans importance.

I

Le colonel Ramolly, *à un lieutenant de son régiment.* — Qu'y avait-il au rapport, lieutenant ?

L'OFFICIER. — Mon colonel, pas grand'chose; le capitaine Brichou a...

LE COLONEL RAMOLLY. — Je parle du rapport de chasse et non de...

L'OFFICIER. — Oh! pardon, mon colonel, je croyais...

LE COLONEL RAMOLLY. — Ne me demandez pas pardon, lieutenant; il n'y a pas de quoi vous excuser, au contraire. J'aime à rencontrer chez de jeunes officiers cette noble préoccupation des choses de l'armée, qui fait qu'on y songe quand il n'en est pas question; j'aime à constater que, même au sein des plaisirs... Vous avez mal à l'estomac, lieutenant?

L'OFFICIER. — Non, mon colonel, pas du tout.

LE COLONEL RAMOLLY. — Ah! c'est que je voyais que vous aviez des bâillements... Je ne sais si vous êtes comme moi, lieutenant, mais moi, je ne bâille que lorsque j'éprouve le besoin de manger ou lorsque, au contraire, ce que j'ai mangé ne se digère pas dans les conditions voulues.

L'OFFICIER. — Moi, mon colonel, je bâille quand je m'ennuie ou quand j'ai sommeil.

LE COLONEL RAMOLLY, *simplement*. — Ah! vous n'aurez pas assez dormi. C'est de votre âge; veiller, passer des nuits, c'est naturel! Je me souviens que, étant en garnison à Angers, en 1853, j'ai passé dix nuits sans me coucher... « dix nuits », vous m'entendez bien, lieutenant, à jouer, boire et manger, sans compter... le reste.

L'OFFICIER. — C'est admirable, mon colonel, admirable!

LE COLONEL RAMOLLY. — Et notez que le matin, à la botte, je trouvais moyen d'être frais comme l'œil. Et à cheval, donc! j'avais, malgré ces nuits d'orgie, de la pince comme personne.

L'OFFICIER, *qui a de la peine à garder son sérieux*. — Je n'en doute pas ; mais c'est qu'on n'en fait plus comme vous, mon colonel...

LE COLONEL, *modestement*. — Oh! je ne veux pas dire ça. Mais il est certain que nous étions, à cette époque, une bande de camarades assez joliment charpentés. Tenez! il y avait là Belpoygne, qui est divisionnaire aujourd'hui... avancement incompréhensible, car, entre nous, c'est un âne...

L'OFFICIER, *pour dire quelque chose*. — Ah! vraiment? je croyais... On m'avait dit, au contraire, que le général de Belpoygne est un militaire de grand avenir!

LE COLONEL RAMOLLY, *vexé*. — Ceux qui vous ont dit ça sont des crétins! Il y avait aussi Tulvert, ce pauvre Tulvert, qui est mort d'une congestion en sortant de table... et puis Génycour, le gros Génycour, celui que l'empereur appelait « son beau carabinier ». Mort aussi, celui-là; et du reste, c'est heureux! Il était populaire comme tout dans l'armée, cet animal de Génycour, et, à un moment donné, on aurait très bien pu nous le fiche comme président de la République : c'eût été du propre !...

L'OFFICIER. — Oh! mon colonel! oh!...

LE COLONEL RAMOLLY. — Il n'y a pas de « oh ! » ça se voit, ces choses-là...

II

Le général de Labaderne, *à son officier d'ordonnance qui s'assomme et voudrait bien aller faire un tour du côté des voitures.* — Savez-vous quelle est la bête que nous chassons?

L'officier d'ordonnance. — Mon général, c'est un solitaire !

Le général. — Ah ! très bien ! (*Silence assez long ; plusieurs cavaliers les dépassent en causant de la chasse.*) Savez-vous, lieutenant, ce que signifie cette dénomination de « sanglier contremire » ?

L'officier d'ordonnance. — Je crois, mon général, que c'est quand un solitaire a les défenses faites de telle ou telle façon, que je ne connais pas, du reste !

Le général. — Et un « souil », lieutenant, savez-vous ce que c'est qu'un « souil » ? A chaque instant, ce mot, qui ne me dit rien du tout, vient frapper mon oreille.

L'officier d'ordonnance. — Mon général, on nomme ainsi l'endroit où le sanglier se vautre...

Le général. — Êtes-vous sûr de cela? Je croyais qu'on disait « la bauge », lieutenant. Il me semble même que c'est une phrase usuelle : on dit « le sanglier dans sa bauge ».

L'officier d'ordonnance, *agacé*. — C'est bien possible, mon général. (*Silence prolongé*.)

Le général, *avec un peu d'embarras*. — Dites-moi, lieutenant... est-ce que... vous avez pu faire... le... la commission de laquelle vous aviez bien voulu vous charger pour moi?..

L'officier d'ordonnance. — Quelle commission, mon général?

Le général, *timidement*. — Vous savez bien... pour... pour la préfète?...

L'officier d'ordonnance. — Ah! parfaitement; je n'y pensais plus! Eh bien, ça n'a pas pris, mais là, pas du tout! Aussi, mon général, c'est imprudent ce que vous avez fait là. Elle a parfaitement reconnu Michonne avec vous...

Le général. — J'avais bien vu qu'elle nous lorgnait... Alors, qu'avez-vous dit?...

L'officier d'ordonnance. — Tout ce que j'ai pu trouver; mais elle m'a envoyé promener! J'ai eu beau lui affirmer que vous étiez dans cette baignoire avec le prince Napoléon, elle n'en a pas cru un traître mot...

Le général, *vexé*. — Ah!... pourquoi avez-vou dit que j'étais avec le prince Napoléon ?... C'es bête, ça...

L'officier d'ordonnance. — Dame, mon général, il fallait bien expliquer pourquoi vous vous cachiez, et je n'ai rien trouvé de mieux; moi... pris ainsi... à l'improviste...

Le général. — Certainement, elle est adorable, mais elle est bavarde, très bavarde, la préfète; elle va raconter cela à tout le monde, et ça me fera du potin... Vous avez manqué de tact, lieutenant...

L'officier d'ordonnance, *énervé*. — Mon général, si c'est pour le public que vous craignez les potins, vous avez tort! Il est au courant depuis longtemps, le public! Il ne prendra pas le change!... Si c'est pour le ministère... que vous ayez été dans une baignoire avec une cocotte ou avec le prince Napoléon, il me semble que...

Le général, *avec dignité*. — Il suffit, lieutenant, il suffit.

III

Le major Vervidey, *au lieutenant-colonel d'infanterie, qui manque de tomber dix fois en un quart d'heure.* — C'est bizarre, très bizarre, mon cheval ruisselle et le vôtre n'a pas un poil de mouillé ! Il se produit chez les chevaux des phénomènes continuels et vraiment curieux...

Le lieutenant-colonel. — Ce n'est pas étonnant; il y a entre nous une telle différence de poids...

Le major. — Il est certain que je suis un peu plus lourd que vous, mais, avec la selle... ça ne fait pas grande différence, allez !...

Le lieutenant-colonel. — Oh !

Le major, *qui craint d'être réformé parce qu'il tue trop de chevaux.* — Comptez ! C'est bien facile. Combien pesez-vous ?

Le lieutenant-colonel. — Je pèse 67 ou 68.

Le major. — Eh bien, je pèse 90, moi !...

Le lieutenant-colonel. — !!!

Le major. — Eh oui! Vous pesez, dites-vous, 68; avec votre selle, ça fait 85.

Le lieutenant-colonel. — Mais ma selle ne pèse pas 17 kilos.

Le major. — Enfin, un peu plus ou un peu moins, c'est pas la peine de chipoter pour ça; mettons 80 si vous voulez, là! Moi, 90; la différence n'est pas assez forte pour que votre cheval soit frais, alors que le mien a l'air d'avoir pris un bain.

Le lieutenant-colonel. — Mais il y a en plus le poids de votre selle.

Le major. — Pas la peine d'en parler! Une vraie feuille de papier! de papier mince, encore!

Le lieutenant-colonel. — Je crois que, précisément, elle est un peu trop mince... C'est ce qui fatigue davantage le cheval..., surtout quand il est monté par un gros poids... Ça le coupe en deux!

Le major. — Un gros poids! un gros poids! on croirait vraiment qu'il s'agit d'un éléphant!... Est-ce que ça vous amuse, vous?

Le lieutenant-colonel. — Quoi?

Le major. — La chasse.

Le lieutenant-colonel. — Couci couci...

Le major. — Moi aussi. Je crois décidément que,

sans être extraordinaire pour ma taille, je deviens un peu lourd pour rester à cheval aussi longtemps...

LE LIEUTENANT-COLONEL, *saisissant les crins pour la centième fois au moins.* — Moi, je crois que je suis trop léger pour y rester... Le poids, ça a du bon, ça cale !

IV

LES OFFICIERS SANS IMPORTANCE

— Ça serait amusant, ces chasses, si les supérieurs restaient chez eux.

— Ils viennent nous empoisonner nos chasses !

— Ça, c'est bien vrai.

Et des observations : « Lieutenant, pourquoi n'avez-vous pas mis vos bottes d'ordonnance? »

— « Capitaine, faites-moi le plaisir de rentrer ce col blanc. »

— Tou. y passe : les gants, les selles, la queue du cheval qui est trop courte...

— Oh! tu as coupé trois nœuds de la queue du tien! tu verras à l'inspection... tu n'as pas fini de rire, va...

— Il est vrai que le vétérinaire a été un peu loin, je le reconnais, mais aussi pourquoi le vétérinaire est-il une brute?

— Est-ce que la marquise est à cheval?

— Je crois que oui.

— C'est singulier, nous ne l'avons pas vue.

— Parbleu, elle est en tête, comme toujours.

— Et nous, forcés de rester derrière par égard pour les vieux pompons!

— C'est amusant comme tout!

— Est-ce que vous croyez qu'on ne peut pas dépasser?

— Si on pouvait couper sous bois, oui; mais sans ça, c'est bien difficile à cause des généraux..

— Le duc est bien devant?...

— Oui, mais c'est le duc!

— Le père Ramolly a une bonne tête sur « Soliman! »

— Le marquis dit que ça lui fait de la peine de le voir suivre là-dessus.

— C'est tout de même agaçant d'être obligé de monter des carcans pareils...

— Avec l'uniforme, ça va encore, mais autrement le cheval arabe est impossible, on est grotesque dessus!

— Excepté Fryleuse, puisqu'il a fait de son arabe un poney...

— Ah! laissez donc mon cheval tranquille...

— On te le fera payer, va...

— Moi, qui étais habitué à de gros chevaux

avant de venir au régiment, il me semble toujours que je suis à cheval sur un papillon...

— Puisque nous ne pouvons pas décemment prendre la tête, allons avec les voitures, voulez-vous ?

— Ça, c'est une idée...

V

Le général de Labaderne, *à son officier d'ordonnance qui l'accompagne toujours mélancoliquement.* — Il me semble apercevoir un peloton d'officiers qui s'éloigne.

L'officier d'ordonnance. — Je n'ai pas remarqué, mon général.

Le général. — N'est-ce pas le baron, qui vient de passer sur ce poney gris de fer?

L'officier d'ordonnance. — Oui, mon général.

Le général. — C'est étrange! il m'a semblé qu'il avait à sa boutonnière un ruban...

L'officier d'ordonnance. — C'est la décoration du pape, mon général.

Le général. — Pas possible! Il est juif!

L'officier d'ordonnance. — Qu'est-ce que ça fait? On ne s'en aperçoit pas; il mange de tout, sa femme va aux sermons élégants, et il est généreux!

Le général. — C'est vrai, lieutenant, il mange du cochon comme vous et moi, et il est assez beau joueur, mais il a un diable de nez qui trahit furieusement son origine.

L'officier d'ordonnance. — Si on ne décorait que les gens qui ont des lignes pures...

Le général. — C'est égal, si le pape galvaude comme ça ses croix..

L'officier d'ordonnance. — Oh ! « galvauder » est sévère, mon général !

Le général. — Je ne vous cacherai pas, lieutenant, que je suis plutôt sévère, sévère, mais juste... Qu'est-ce que vous avez donc à vous jeter comme ça dans le taillis ?...

L'officier d'ordonnance. — Mon général, c'est votre cheval qui a envoyé un petit coup de pied, et...

Le général. — Un coup de pied !... Zénobie ! c'est impossible ! Elle ne sait pas les donner, elle ne sait pas...

L'officier d'ordonnance. — Mon général, je crois qu'elle a envie d'apprendre.

Le général, *suivant son idée*. — Ah ! si j'étais sur « Félicie », je ne dirais pas non ; je sais que Félicie a parfois la croupe un peu folle ; mais « Zénobie », jamais.

L'officier d'ordonnance, *qui a la marque du*

coup de pied à sa botte. — Je me serai trompé, mon général.

Le général. — C'est long, cette chasse, très long.

L'officier d'ordonnance, *à part.* — Ah! Dieu!

Le général. — Pensez-vous que toutes les voitures seront à l'hallali?

L'officier d'ordonnance, *qui compte là-dessus pour se dédommager.* — Mais je l'espère, mon général, il fait un temps superbe, et...

Le général. — Tant mieux! Si la préfète est là, je pourrai peut-être rabibocher un peu mes petites affaires. (*Silence.*) Pourriez-vous me dire, lieutenant, ce que c'est que « des gardes » ? Plusieurs fois, aujourd'hui, ce mot, dit par les chasseurs, a frappé mon oreille. Au commencement, je croyais que c'était de gardes forestiers qu'il s'agissait, mais on dit continuellement que l'on vient « d'en relever », et on ne pourrait pas relever autant de gardes forestiers que ça, dans le terrain que nous avons parcouru ; je serais très curieux de savoir...

(*Ils passent.*)

PROPOS DE CHASSE

MANIAQUES ET ABRUTIS

M. DE NIVO et M. DU HAUBOIS à cheval, au pas, sur la route.

— Moi, je ne comprends pas qu'on s'astreigne à suivre derrière les chiens; on sait, à n'en pas douter, où va la chasse; donc, à quoi bon s'éreinter?...

— Essouffler son cheval...

— Quand avec un peu de nez on arrive au même résultat sans se fouler !

— J'ai les pieds gelés...

— Déjà? Comment ferez-vous donc dans un mois?...

— J'aurai des étriers à chaufferettes.

— Baste ! j'en ai essayé dans le temps ! Ça ne tient pas assez d'eau pour conserver la chaleur; au bout d'une heure, c'est froid comme glace...

— Ce qu'il y a de mieux, c'est encore de marcher...

— Je ne peux pas, moi ; mon cheval ne se laisse pas conduire par la figure.

— Pourquoi chassez-vous sur un cheval qui tire au renard ? La première condition voulue pour un cheval de chasse, c'est d'être maniable.

— Celui-ci est insupportable, mais il a un fond d'enfer et il saute à merveille.

— Oh ! ça, non, par exemple !... Je vous ai vu sauter tout à l'heure... il se reçoit sur son devant...

— Eh bien, tous les chevaux de chasse sautent ainsi...

— C'est excellent pour se fiche par terre...

— Tout ce que vous voudrez ! Mais voilà la seconde saison de chasse que je fais avec ce cheval et je ne suis jamais tombé...

— Vous tomberez, soyez-en sûr... C'est effrayant un cheval qui saute ainsi sur son devant...

— Eh bien, quoi, sur son devant ? Voulez-vous pas qu'il passe les obstacles sur ses pieds de derrière, comme un caniche qui saute une canne ?...

— Non, mais moi j'aime mieux un cheval qui se reçoit bien équilibré sur ses quatre pieds... comme le mien.

— Eh bien, franchement, quand il saute, vous n'avez pas l'air à votre aise...

— Parce qu'il a le saut sec...

— En effet, il paraît l'avoir excessivement sec...

M. DE HALBRAN et LE JEUNE D'IGNAR.

Le jeune d'Ignar sur un cheval normand très beau qui n'en peut plus; M. de Halbran sur un vieux pur sang qui a le feu aux quatre jambes et des guêtres lacées pour empêcher les tendons de reclaquer.

— C'est incroyable, votre cheval est aussi frais qu'en sortant de l'écurie.

— Tous ces vieux chevaux de pur sang sont les mêmes; à l'écurie, ils ont l'air de ne plus tenir debout; au départ, ils raclent et butent tout le temps, mais quand c'est échauffé...

— Je n'aime pas beaucoup les chevaux de pur sang... on ne peut en avoir de gros à un prix possible, et...

— Qu'est-ce que ça vous fait? Vous n'avez pas besoin d'un gros cheval, vous; vous êtes mince... Combien pesez-vous?

— Soixante-quatre... mais ce n'est pas pour le poids, ce que j'en dis, c'est pour l'œil.

— Ah! si vous chassez pour l'œil...

— Je ne trouve pas joli d'être sur un cheval efflanqué, et tous les chevaux de pur sang, à des prix doux...

— D'accord ; on n'a pas pour trente louis un cheval de pur sang bâti comme le cheval de Louis XIV ; mais moi, quoique plus lourd que vous, je me contente d'un petit modèle, et ça me porte comme rien du tout...

— Oui, mais vous écrasez un peu votre cheval...

— Moi, allons donc !

— Du moins, à l'œil...

— Encore l'œil ! Mais alors, dans ce cas-là, il ne faudrait non plus chasser que sur des chevaux gris... C'est infiniment mieux avec l'habit rouge.

— J'y avais bien pensé... Mais c'est très difficile à trouver un cheval gris sautant bien...

— Ah ! le gris est une robe qui empêche de sauter ?...

— Non, mais enfin j'ai cherché chez tous les marchands et dans les ventes, et je n'ai pas trouvé ce que je voulais... Il y si peu de chevaux sautant...

— En voilà une sévère ! Mais tous les chevaux sautent ; il ne s'agit que de savoir les faire sauter... Ah ! il est bien certain que quand on veut faire de la fantasia..., arriver sur l'obstacle avec une selle sans genouillères, les rênes lâches et les genoux écartés, on a peu de chances de faire passer le cheval et beaucoup de se coller par terre...

— Vous avez une selle joliment bien faite, monsieur.

— Oui, je suis très bien dessus, parce qu'à présent elle a pris ma forme... Je m'en sers depuis deux ans, et il n'y a pas longtemps qu'elle est faite à moi...

— Moi, je fais faire mes selles et mes fusils en Angleterre... Je viens de recevoir deux *Purdey* qui sont merveilleux... Une couche, un « à main », vous verrez ça; quand on s'est servi de ces fusils-là, on ne peut plus tirer avec les autres.

— Les bons tireurs tirent avec tous les fusils; ainsi, voyez de Nivo, il chasse avec un sale fusil de cent cinquante francs qu'il a dû acheter chez une revendeuse de la rue de Provence... C'est rouillé, aminci, ça fait frémir de penser qu'on peut être placé près de lui quand il touche à cet outil-là... Eh bien, il nous enfonce tous: au pigeon, en battue, en plaine... C'est insensé!...

— Aimez-vous les cartouches grillagées ?...

— Non, j'aime les choses simples; je me sers toujours des mêmes cartouches.

— Quelle marque ?

— Eley London...

— En cuivre ?

— Mais non, les douilles en carton.

— Ah! vous avez tort.

— Pourquoi?

— On ne peut charger aussi fortement, et alors...

— Qu'est-ce que ça me fait, si je tue la même chose?...

— Erreur, quand la charge est plus forte, on tue davantage, c'est forcé.

— Vous croyez? Eh bien, je vous fais un match en vingt coups de fusil, si vous voulez ; vous aurez vos cartouches de cuivre, moi les miennes, et nous verrons qui de nous deux tuera le plus.

— Oh! vous tirez bien mieux que moi!

— Vous voyez bien que ça ne tient pas aux cartouches.

M. DE SANGÊNE, LE VICOMTE D'ALALY et DU HALLIER cherchant vainement les traces de la chasse.

— Voyez-vous des marques?

— Pas la moindre.

— Alors, retournons sur nos pas ; nous manquerons encore l'hallali.

— Pas de chance de manquer l'hallali, quand on a de si belles bottes à faire admirer aux voitures.

— Qu'est-ce que vous y trouvez à reprendre, à mes bottes?

— Rien du tout, elles sont superbes, on s'y mirerait.

— Moi, j'aime mieux la botte française, il n'y a encore que ça.

— Oh ! on a l'air d'un écuyer de cirque !

— Ça ne se porte plus.

— Qu'est-ce que ça me fait que ça ne se porte plus ? Moi, tout ce que je demande à des bottes, c'est d'être à mon aise dedans, et la bonne vieille botte à l'écuyère...

— Pourquoi pas la botte Chantilly ?

— C'est la botte de gendarme que vous appelez la botte Chantilly ?

— Mais...

— On éprouve le besoin de donner un tas de noms aux choses pour faire croire que c'en sont d'autres...

— Avec l'habit rouge, la botte à revers se portait toujours...

— Il y a quinze ans ! A présent tout le monde met la botte Chantilly...

— Ça ne va pas avec l'habit rouge ; voyez les dessins d'Alfred de Dreux, tous...

— Qu'ai-je entendu ? Qui est-ce qui parle d'Alfred de Dreux ? Ah çà, quel âge avez-vous donc, d'Alaly ?

— Blaguez tant que vous voudrez, je vous crèverais tous à la chasse, à cheval ou à pied, au choix.

— C'est Sangêne qui a des bottes! Je suis entré ce matin dans sa chambre et il en a un jeu... je ne vous dis que ça!

— Parbleu! il a amené deux domestiques pour les astiquer....

— Mais non. J'ai un valet de chambre pour moi et un homme pour soigner mes chevaux...

— Le fait est que tu as presque autant de chevaux que de bottes.

— Comment! je n'en ai que trois.

— Que trois!!! pauvre malheureux! Et ça te suffit pour deux chasses par semaine?

— Enfin, ils ne gênent personne, mes chevaux.

— Non, excepté d'Esprycour, qui, en maître de maison modèle, les a logés à la place des siens, qui sont avec les vaches...

— Pourquoi ne m'a-t-il pas prévenu qu'il n'avait pas d'écurie?

— Pas d'écurie! quand on a douze chevaux à loger, sans compter les siens...

— Eh bien, on bâtit une annexe pour le temps des chasses... en planches, en n'importe quoi...

— Oui, pour que les chevaux attrapent la fluxion périodique, c'est une excellente idée.

— Ah! tu fais des difficultés de tout!

— C'est pas comme toi, en ce cas.

— Est-ce que c'est du « Nubien » que vous mettez sur vos bottes ?

— Non. C'est du cirage anglais, tout simplement.

— Au pinceau ?

— Naturellement.

— C'est ennuyeux, parce que, quand c'est mouillé, ça salit tout !

— Enfin, on n'a pas besoin d'essuyer ses bottes à la robe d'une dame.

— Comment ! vous sautez en vous appuyant sur les étriers ?

— Mais non.

— Je viens de vous voir à l'instant, vous avez sauté l'étrivière tendue.

— Mais, sac à papier ! je sais peut-être bien comment j'ai sauté ! Je ne m'appuie jamais, ainsi...

— C'est que vous le faites sans vous en rendre compte.

— D'abord, qui est-ce qui ne saute pas sans se servir un peu des étriers ?

— Moi, je ne tiens que du genou.

— Et du mollet donc ? On voit votre mollet qui s'écrase contre la selle.

— Oui, tout ça est très joli à dire, mais je voudrais le voir. Au premier obstacle, relevez donc un peu vos étriers.

— Pourquoi pas, pendant que vous y êtes, me faire nouer les rênes et sauter les bras ballants?

— Et la chasse, avec tout ça? Je ne soupçonne pas où elle peut être fourrée, la chasse!

LE DUC DE GRENELLE, LE PETIT DE LASTYNG.

Le duc sur un superbe cob, le petit de Lastyng sur un pur sang qui n'en est pas à sa première chasse.

— Il semble fatigué, votre cheval, jeune homme?

— Il n'est pas fatigué, au contraire, c'est qu'il n'est pas assez échauffé; vous verrez tout à l'heure, il va se déraidir tout d'un coup...

— Quand la chasse sera finie, alors?

— Mais...

— Pourquoi donc lui mettez-vous des petits machins comme ça autour des jambes?

— Ce sont des bottines.

— Eh bien, pourquoi lui mettez-vous des bottines, puisque bottines il y a?

— C'est parce qu'il a les tendons qui chauffent facilement, et alors...

— Je croyais au contraire que vous trouviez qu'il marchait mieux quand il était échauffé

— Ce n'est pas la même chose: un tendon qui

chauffe, c'est un accident, un accroc; lorsqu'il chauffe tout à fait, cela nécessite le feu...

— Comment ! ça chauffe, il ne faut pas que ça chauffe et on y met le feu ? Je m'y perds.

— Pardon, je vais vous expliquer...

— Oh! ne prenez pas cette peine, jeune homme je ne comprends rien à votre jargon de cheval. De mon temps, il n'y avait pas une langue spéciale pour parler de ça.

— Oui, j'ai vu que cela vous ennuie quand on parle courses...

— Surtout quand ces dames veulent absolument me faire parier : elles me choisissent un cheval qui ne gagne jamais... ce que ça m'agace !...

— Tiens ! ce soir elles vont vous en faire prendre un, c'est demain dimanche...

— Elles me l'ont donné déjà... Comment diable s'appelle-t-il? Attendez... « Gourgandin. »

— Ne prenez pas ce cheval-là, on dit qu'il est claqué !

— Ah! je les reconnais bien là ! qu'est-ce qu'il faut prendre?

— Voyons... « Regrettée » ou « Forum... » Non, au fait, il n'est pas sûr qu'il parte...

— Ah! voyons, il faudrait pourtant sortir de là; vous me dites de prendre un cheval et vous ne savez pas s'il court; ces dames m'en font prendre un qui est mort...

— Mort?

— Dame, c'est vous qui venez de me le dire...

— Moi? mais...

— Vous m'avez dit : « Ne prenez pas ce cheval-là, il est claqué! »

— Claqué ne veut pas dire mort, cela signifie un tendon parti...

Le duc part au galop.

PROPOS DE CHASSE

TECHNIQUES, FANATIQUES

ET IGNORANTS

Des Açores, de Kumel et M. d'Oronge.

Ils avancent en ligne sous bois, marchant péniblement sur des monceaux de feuilles mortes.

— C'est agaçant ces feuilles qui craquent; les lapins filent en entendant un bruit pareil.

— Bah! qu'est-ce que ça vous fait? Vous n'en tuerez ni plus ni moins. Ainsi...

— Il est certain que j'ai une peine extrême à m'accoutumer à ce tir. Le lapin demande un coup de fusil tout à fait spécial...

— En effet!

— C'est là votre nouveau fusil?

— Oui.

— Il est réussi, n'est-ce pas? (*Il le tend, le canon en avant, à des Açores qui se jette de côté.*)

— Hé ! dites donc, doucement. Je déteste voir jongler de la sorte avec ces diables de fusils sans chien ; on ne sait jamais à quoi s'en tenir avec eux...

— Oh ! il n'est pas armé... S'il l'eût été, je ne vous l'eusse pas présenté ainsi... (*Il regarde son fusil.*) Tiens ! ma foi si, il l'était !!!... Ah bien ! je ne m'en doutais guère, par exemple !...

— Voilà comme arrivent les accidents...

DE KUMEL, *déclamant*. — Depuis qu'on a vu des familles entières tuées par des fusils qui sont partis sans être chargés...

— Blaguez, blaguez !... C'est très drôle... Il n'est pas moins vrai que c'est avec un de ces bêtes de fusils sans chien que Niderbrun a tué deux vieilles femmes dans sa dernière saison.

— Deux !! En vérité ? Est-ce bon, ces fusils-là ?

— Meilleur que ceux des invités du gouvernement, toujours... Non, mais comprend-on ça ?... Un monsieur qui envoie sa charge pleine, à dix pas, dans la poitrine de l'autre, et qui le rate ?..

— Comment ? qui le rate ? Je croyais qu'il l'avait touché !...

— Eh oui ! Mais si ce n'avait pas été un sale fusil, il devait être tué raide...

— D'abord, Niderbrun n'a pas tué ses deux

vieilles femmes du même coup... C'est à deux mois de distance que...

— Oh! vous savez, que ça soit à une heure ou à deux mois d'intervalle, ça revient au même, et du moment qu'il n'a pas fait coup double...

— Oh!! oh!!! (*Un lapin traverse l'allée; M. d'Oronge épaule et tire.*) Manqué! Ah! la canaille!! Le voyez-vous?... Il a roulé en passant le fossé! Pourquoi ne l'avez-vous pas tiré? Vous aviez le temps.

— Ma foi, j'ai cru que vous alliez le doubler...

— Le doubler! ah ouiche! Je me demande même pourquoi j'ai tiré mon premier coup... Je ne peux pas attraper ce tir-là!...

— C'est, du reste, stupide de chasser le lapin comme nous le faisons là, sans chiens, sans...

— Oui, car, avec des bassets, c'est amusant.

— J'ai chez moi des petits beagles délicieux qui ne servent pas à autre chose.

— Il y a beaucoup de lapins chez vous?

— On en est abimé. Ils dévastent tout; les fermiers crient pour avoir des indemnités... Nous sommes obligés de les chasser au furet.

— Tiens, le furet! C'est une idée. Si nous nous amusions à le prendre? C'est plein de terriers, là, sur le versant du bois...

— Oui, mais il faut retourner trop loin; le garde

l'a laissé au pavillon, et je ne sais pas où sont les bourses...

— Il n'y a pas besoin de bourses...

— Vous voulez chasser à gueule ouverte?...

— Je croyais que c'était parce que M. d'Oronge ne pouvait pas tuer qu'on voulait fureter. Ça reviendra au même si on ne prend pas les bourses.

— Moi, je veux bien retourner, mais je ne porterai pas le furet ; ça me dégoûte...

— Comment cela ? il est bien tranquille au fond de son sac...

— Je ne vous dis pas le contraire, mais il sort tout le temps son nez par le trou... et ce nez rose, ça me fait un effet !... C'est plus fort que moi...

— Bah ! laissons-le ; la chasse au furet, c'est une chasse de pleutres ! !

DE LA HAMPE, D'ESPRYCOUR, DE RUPIN et le JEUNE DE BONVOULOIR (débutant).

— Je trouve que c'est du mérite d'entretenir ici un équipage de lièvre ; il est tellement difficile de réussir à cette chasse...

— C'est précisément pour cela qu'elle me plaît ; il n'y a que deux chasses à courre à mon sens : celle du loup et celle du lièvre...

— Oh ! celle du loup ! elle est impossible à pré-

sent en France! Trouvez donc des chiens de loup;
il n'y en a plus.

— Allons donc! j'ai chassé l'an dernier avec des
chiens croisés anglais et saintonge; ça vous forçait
un vieux loup en un rien de temps.

Le jeune de Bonvouloir, *timidement.* — C'est
superbe! J'avais entendu dire à des connaisseurs
en vénerie qu'un vieux loup était impossible à
forcer. (*Personne ne lui répond. Silence.*)

Monsieur d'Esprycour. — Allons, bon! c'est une
hase que nous suivons; j'espérais vous faire faire
une belle chasse, et puis pas du tout!

Le jeune de Bonvouloir, *très poli.* — Oh! qu'est-
ce que cela fait?

— Comment, ce que ça fait? C'est qu'au lieu
d'une chasse avec des hourvaris, des retours et de
belles randonnées, nous allons faire une mauvaise
petite chasse de rien du tout. (*Il met pied à terre,
examine quelque chose.*) Eh! oui, parbleu! c'est
une femelle, à n'en pas douter.

— A quoi donc voyez-vous cela, monsieur?

— C'est pas malin, je vois ça aux repaires.

— Ah! Alors nous sommes auprès d'un repaire.

— Nous sommes auprès de plusieurs. (*Il s'age-
nouille à terre et s'incline profondément. — Au
jeune de Bonvouloir dont le cheval piaffe et gratte.*)

Prenez garde ! Vous allez les écraser et je ne trouverai plus rien.

Le jeune de Bonvouloir, *reculant précipitamment.* — C'est singulier, j'ai beau regarder, je ne vois pas la moindre ouverture, pas le moindre gîte... (*Il met son monocle.*)

— Qui est-ce qui vous parle de gîte ? Il n'y a pas de gîte ici...

— Ah ! je croyais que vous disiez... Vous parliez de repaires...

— Eh bien ?

— Eh bien, je croyais que repaire ou gîte c'était la même chose, et je... (*Les chasseurs le regardent d'un air de pitié.*)

— Les repaires, monsieur, sont tout simplement les crottes de l'animal ?...

— Ah ! je ne savais pas... je vous demande pardon.

— Il n'y a pas de quoi.

— Et, à la simple inspection de... ces choses... vous reconnaissez le sexe de l'animal ?... C'est curieux... très curieux... il doit falloir une grande habitude pour...

— Oh ! mon Dieu, rien n'est plus facile, et si vous voulez vous rendre compte...

Le jeune de Bonvouloir, qui n'ose pas refuser, met aussi pied à terre et s'avance vers l'endroit examiné par d'Esprycour; tous deux sont agenouillés ; le jeune de Bonvouloir assujettit soigneusement son monocle.

— Voyez, c'est rond, luisant; cela ressemble à des pilules de goudron ; donc, cela provient d'une femelle...

— Ah! parfaitement!

— Si c'était un bouquin, ce serait plus petit et pointu à un bout... et puis surtout beaucoup plus sec... Voyez, ceux-ci sont mous, je le parierais... (*Il en prend un dans sa main.*)

Le jeune de Bonvouloir. — Ah! vraiment?...

Tandis qu'il regarde attentivement, le cheval de d'Esprycour rue sur le sien, qui, tenu de long, fait un bond et lui imprime une violente secousse. Son monocle, qui n'a pas de cordon (c'est bien plus chic), tombe au milieu des repaires. Rires.

Le jeune de Bonvouloir, *tâtant au hasard, tandis que d'Esprycour bouscule son cheval, cause de tout.* — Je suis tellement myope que j'aurai beaucoup de peine à le retrouver.

De Rupin. — Là... là... Un peu plus à gauche... sous la feuille... Comment! vous ne le voyez pas ?

Il s'approche et se penche pour montrer la place du bout de son bâton ; mais dans ce mouvement le cheval met le pied sur le monocle qui s'enfonce profondément dans la terre détrempée et disparaît complètement.

DE LA HAMPE, *au loin*. — Voilà le défaut, voilà...

Tout le monde saute à cheval ; le jeune Bonvouloir reste seul à chercher son monocle ; il lui est impossible de se diriger sans lui.

DE SAINT-LEU et DE QUIBRON.

Ils marchent lentement et semblent plongés dans le marasme.

— Il n'y a plus de lièvre, plus de perdreau, plus de cailles, plus rien !... L'année prochaine, je ne prendrai certainement pas de permis. Ce n'est plus la peine de chasser.

— On dit toujours ça... Mais quand on aime la chasse comme vous...

— C'est vrai que je l'aime. Et puis, si je ne l'aimais pas, qu'est-ce que je deviendrais pendant ces six mois de campagne?... Je ne peux pourtant pas faire de la tapisserie ou pêcher à la ligne...

— Oh! ne dites pas de mal de la pêche à la ligne.

— Je ne suis pas pêcheur. Je n'aime qu'une seule pêche, celle des écrevisses. La rivière du Valfleury en était pleine ; il n'y en a plus une seule. Si c'est pas un fait exprès !

— Comment ont-elles disparu ainsi ?

— Ça s'est dépeuplé. Il paraît qu'au bout d'un certain temps ça arrive souvent.

— Mais on peut repeupler, vous savez...

— Certainement... Mais il faut mettre dix mille sujets, parce qu'on n'en réussit que la moitié; c'est la proportion... Or, dix mille sujets adultes, ça fait plus de cinq mille francs, à cinquante centimes pièce, l'un dans l'autre; il faut compter ça pour avoir quelque chose de bien, et franchement cinq mille francs d'écrevisses...

— C'est raide!...

— D'autant plus que ça peut ne pas réussir du tout... C'est comme l'élevage du gibier! C'est terrible; on y dépense un argent fou; on n'a pas idée des soins que ça demande, des complications de nourriture. Ainsi, pour les faisans, il faut du blé, de l'orge, du sarrasin, des œufs durs écrasés, du chenevis; aux perdreaux c'est encore bien autre chose, il leur faut des œufs de fourmis... Je me rappelle qu'une année je leur ai cherché moi-même de ces machines-là... Et puis il arrive un orage, et va te faire fiche!...

— La chasse sera finie en France dans dix ans d'ici. Mon fils a douze ans, il voulait acheter un fusil, je l'en ai empêché; il n'aura pas l'occasion de s'en servir...

— Oh! vous allez peut-être un peu loin.

— Ma foi, non. Vous verrez ça !

— Irez-vous aux alouettes, demain matin ?

— Oui, probablement... Et vous ?

— J'irai si je vois que ça peut mirer; hier ça ne mirait pas du tout.

— Moi, ça m'est égal; je ne les tire qu'au cul-levé; alors...

— Moi, j'aime mieux le miroir, mais seulement quand ça mire bien. Autrement...

— Ah ! c'est évidemment plus facile comme tir.

— Plus facile... ça dépend. Je ne les tire pas au cul-levé, parce que ça ne m'amuse pas; sans cela, si je voulais...

— Avec quoi tirez-vous ?

— Avec du 10, toujours.

— Mais avec quel fusil ?

— Tout simplement avec un Lefaucheux que j'ai acheté à un garde, il y a vingt ans; et vous ?

— Oh ! moi, je préfère mon fusil à percussion, celui que vous connaissez.

— Oui, vous avez eu l'amabilité de me le prêter dernièrement.

— En avez-vous été satisfait ?

— Oui et non ; il n'est pas tout à fait à ma couche; la crosse est un peu courte pour moi; je tire, la tête très inclinée...

— A propos, avez-vous remarqué la façon de tirer du petit Bonvouloir ?

— Oui, la tête droite et les deux yeux ouverts; du reste, il est tellement myope que c'est comme s'il était aveugle.

— Namur aussi tire la tête droite et les yeux ouverts.

— Il n'en tire pas mieux pour ça. Fait-il assez d'embarras, hein ! avec sa boîte et ses « purdey » ? On croirait que personne que lui ne possède de fusils pareils !

— Enfin, s'il y avait du gibier, tout ça ne serait rien ! Mais voilà, il n'y en a plus !

M. DE GÉNYCOUR, D'ACTÉON, DE NAMUR, à cheval, au pas.

— Dieu ! que c'est assommant, ces retraites au pas !

— Rien ne vous empêche de trotter...

— Mon cheval n'en peut plus.

— Ce n'est pas lui, c'est vous qui n'en pouvez plus; convenez-en.

— Je me reposerais volontiers, je l'avoue; mais ça n'empêche pas que mon cheval soit fatigué. Regardez; il n'a même plus la force de lever les pieds.

— Oh ! quant à ça, il ne les lève pas davantage en sortant de l'écurie.

— Il racle un peu; mais je ne déteste pas les chevaux qui raclent un peu au pas...

— Parbleu! c'est agréable, au contraire.

— Je ne dis pas cela; mais les chevaux qui raclent ne tombent pas d'ordinaire...

— C'est possible; mais on éprouve une sensation aussi désagréable que s'ils tombaient. J'ai vendu à cause de cela mon cheval de chasse de l'année dernière; il n'avait que ce défaut-là...

— Mais il l'avait bien; je me souviens très bien de ce cheval : il ne levait jamais les pieds et poussait le même caillou devant lui pendant dix pas...

— Il fait une chaleur du mois de mai.

— C'est vrai, vous ruisselez.

— C'est pas étonnant, il a mis une peau de bique; il faut avoir le diable au corps, par un temps pareil.

— Ordinairement, à sept heures du soir, il fait froid à cette époque-ci, et je me suis outillé en conséquence.

— Eh bien, ôtez-la!

— Non, à présent que j'ai chaud, je n'ose pas.

— C'est une bonne idée de mettre une peau de bique au lieu d'un pardessus!

— Pourquoi pas?

— Parce que c'est horrible à cheval.

— Qu'est-ce que ça me fait ? je ne chasse pas pour faire du genre, moi.

— Moi non plus; mais je désire ne pas faire peur.

— Si vous croyez que vos gouttières en cuir sont jolies, vous vous trompez.

— Je ne dis pas qu'elles sont jolies, mais elles protègent bien mes bottes de la boue.

— Où avez-vous fait faire ça ?

— A Londres. Vous en désirez de pareilles ? C'était pas la peine de les débiner.

— Oh! j'en désire... si ça se trouve...

— On dira tout ce qu'on voudra, mais la moindre chasse à tir est rudement plus amusante que la plus belle chasse à courre.

— Demain, quand nous serons à nous tirer les pattes dans les labourés, vous direz le contraire.

— Ça, c'est bien possible.

PROPOS DE CHASSE

UN DINER

La salle à manger du château de Recta.

I

PRÉLUDES

DE SAINT-CYNNATUS, LA PETITE M° DAME DE REBONDY, DE QUIBRON.

— Elle était mauvaise, la bisque?
— Mais non, je ne trouve pas...
— Parce que les femmes ne connaissent rien à la bisque!... Une bonne bisque, voyez-vous, ça doit être du velours, du velours qui gratte légèrement au passage.
— Est-ce qu'on a fait une belle chasse?
— Je ne sais pas; j'ai tiré deux coups de fusil pour ma part...
— C'est peu.

— Oh! moi, vous savez, je ne cours pas après le gibier...

Le général de Belpoyone, la belle madame de Vespétro, d'Estourdy.

— A quoi avez-vous employé votre temps cet après-midi, belle dame?

Madame de Vespétro rougit légèrement et mâchonne une réponse inintelligible; d'Estourdy vient à son secours en questionnant le général.

— Et vous, général, avez-vous été heureux?... étiez-vous bien placé?

— Heu! heu! Comme ci, comme ça... j'étais dans la dernière tranchée de gauche... Mais je ne vous ai pas aperçu : où donc étiez-vous?

— Moi... j'étais loin... très loin...

— Loin de quoi?

— Mais... loin de tout...

— Ah!!!

Le préfet, madame de Recta, le général de Génycour

— Que vous êtes aimable de penser aux pauvres citadins, madame!... Nous conserverons de cette charmante journée un souvenir qui... que...

— Vous êtes trop aimable, monsieur le préfet.

— Autrefois, madame, vous aviez du lapin, si j'ai bonne mémoire, beaucoup de lapin...

— Mon Dieu, oui, général; mais, grâce à Dieu, ils sont presque détruits; ils saccageaient tout; M. de Recta est parvenu à s'en débarrasser à peu près.

— Voilà une drôle d'idée, par exemple! N'avoir qu'un gibier, et le détruire... exprès!...

M. d'Oronge, madame d'Oubly, du Helder.

— Le général m'a encore envoyé un plomb dans le mollet aujourd'hui...

— Il est entré?

— Non... pas précisément, madame, mais il m'a cinglé...

— Oh! s'il n'est pas entré!...

— Vous en parlez à votre aise. Je lui promets bien une chose, au général, c'est que, si ça lui arrive une troisième fois, je le prie de se retourner et je lui envoie mon coup de fusil dans le... dos.

— Mais il ne se retournera pas.

— Vous croyez? Alors je le lui enverrai dans le nez; ça m'est égal.

M. de Recta, madame de Vyelgarde, le duc de Grenelle.

— Votre costume de chasse est ravissant, madame.

— Trouvez-vous? Il me semble qu'il ne colle pas assez.

— Il est certain que s'il collait davantage, vous ne pourriez qu'y gagner, et nous surtout, nous y gagnerions; n'est-il pas vrai, Recta?

Monsieur de Recta, *correct et sérieux.* — J'en suis convaincu.

De Saint-Leu, madame de Pryfix, de Rupin.

— Imaginez-vous, madame, un lapin et un ramier qui partent ensemble; je tue le ramier du premier coup, et le lapin du second.

Madame de Pryfix, *distraite.* — C'est merveilleux!

— N'est-ce pas? Eh bien! en 59, j'ai fait mieux que ça...

— Je n'en doute pas.

— Écoutez: nous étions postés sur la lisière d'un petit bois... Quand je dis un petit bois, le mot est impropre; c'était plutôt un *boqueteau*, un de ces *boqueteaux* de Normandie que le gibier affectionne particulièrement. (*Madame de Pryfix étouffe un bâillement. — Les bouts de table sont encore silencieux.*)

II

CRESCENDO

De Saint-Cynnatus, la petite madame de Rebondy, de Quibron.

— Ce que je déteste à la chasse à tir, moi, c'est que ça manque de femmes...

— Vous aviez pourtant madame de Vyelgarde et madame d'Armyde...

— Ce ne sont plus des femmes!

— Ah bah! vous m'étonnez; je croyais qu'elles avaient tous les jours de nouveaux... succès?

— Évidemment, ce sont les cantinières de l'amour.

— Oh!!!

— Et jamais le régiment ne s'aperçoit quand la cantinière se faisande...

— Mais vous êtes affreux...

— Ah! que voulez-vous? je ne vis pas dans le bleu, moi; je vois les choses telles qu'elles sont...

Le général de Belpoygne, la belle madame de Vespétro, d'Estourdy.

— Les femmes, il n'y a encore que ça!!!
— Oh! général!...
— Y a pas de « oh! général! » c'est comme je vous le dis. L'armée est une belle chose, la chasse aussi... le vin et la table aussi, mais les femmes!... Oh! les femmes! (*Il dévisage madame de Vespétro.*) brunes... avec des yeux bleus, des lèvres rouges, des dents blanches et un teint rose!... Ah! ça enfonce bigrement tout le reste, allez!

D'Estourdy, *bas.* — Il est assommant, ce vieux!...
— Mais non, mais non; il est drôle, au contraire.
— Je parie qu'il s'est rapproché de vous... sous la table...
— Eh bien, quand cela serait? Qu'est-ce que ça vous fait?
— Comment! ce que ça me fait? Ça me fait beaucoup...

Le préfet, madame de Recta, le général de Génycour.

— Je sais bien que ce gouvernement-ci n'est pas l'idéal; mais enfin si l'on s'arrêtait à toutes ces considérations secondaires, on n'en sortirait pas; tel qu'il est, nous servons le gouvernement actuel sans nous croire déshonorés pour cela; n'est-il pas vrai, général?

— Parlez pour vous, monsieur; moi, je ne sers pas le gouvernement, je sers la France...

Madame de Recta, *cherchant à détourner la conversation.* — J'espère que, la semaine prochaine, on pourra de nouveau chasser à courre; nous avions trois chevaux de piqueux malades et...

Le général, *reprenant où il en est resté.* — La France, monsieur, ce qui est tout différent !

M. d'Oronge, madame d'Oubly, du Helder.

— Elle est vraiment jolie, madame de Vespétro !

— Oui, surtout quand on la regarde près de cette pauvre madame de Pryfix.

— Vous êtes méchante !

— Moi, non; mais elles ne se quittent pas; madame de Vespétro ne passe certainement pas son temps près d'elle pour se distraire, elle est ennuyeuse comme la pluie... Donc, il faut qu'elle en ait besoin autrement...

— Alors vous pensez que c'est comme mouche coquette?

— Naturellement.

— Madame de Pryfix y trouve aussi son compte.

— Comment cela?

— Elle est le... refuge des soupirants évincés.

— Le Salon des refusés.

— Oh! elle est si laide; est-ce qu'on peut l'aimer?...

— Qu'est-ce qui vous parle d'aimer, grand Dieu?

— Mais vous dites qu'elle... accueille les refusés... Il faut cependant pour cela inspirer des... sentiments qui.

— Allons, donc! Cela n'a rien du tout à voir avec les sentiments; si vous avez envie de vous moucher, vous ne...

— Ah! assez!... assez!...

— J'allais le dire.

M. DE RECTA, MADAME DE VIELGARDE, LE DUC DE GRENELLE.

— Quand une femme est arrivée à cet âge charmant qui n'est plus la toute première jeunesse, et qui lui permet d'apprécier les amours superfines...

— Vous devenez lyrique, mon cher duc.

— C'est que je sens ce que je dis. J'ai beaucoup aimé, et, j'ose le dire, j'ai aimé avec fougue... Vous ne me croyez pas, peut-être?...

MONSIEUR DE RECTA, *toujours correct.* — Mais comment donc, je vous crois sans peine...

DE SAINT-LEU, MADAME DE PRYFIX, DE RUPIN.

— J'ai eu la main pincée par un blaireau, voyez-vous; il m'a enlevé la moitié d'un doigt... Regardes, c'est horrible; il y a de cela dix ans; on dirait que ça a huit jours de date... La plaie ne s'est jamais bien cicatrisée; elle est toujours restée vilaine. (*Il fourre son doigt sous le nez de madame de Pryfix.*)

DE RUPIN, *vidant coup sur coup trois verres qui sont alignés devant lui.* — On s'embête dans cette maison, mais les vins sont exquis... Il n'y a pas à dire, ils sont exquis!...

— Il me semble que vous y faites honneur.

— Craignez-vous que je me grise? Croiriez-vous, madame, que je ne peux pas me griser? j'ai une diable de tête qui porte le vin... ah! mais qui le porte, je ne vous dis que ça!...

LE PETIT DE LASTYNG, DES AÇORES, DE HALBRAN, L'ABBÉ DES ENFANTS, L'INSTITUTRICE, LE RÉPÉTITEUR DE MATHÉMATIQUES et quelques chasseurs sans importance, à un bout de table.

— Moi, j'ai tué vingt-deux pièces.

— En voilà une sévère! il y en a quarante en tout.

— Êtes-vous sûr? Alors je me trompe probablement.

— Probablement; moi, l'oreille me cuit; quand mon fusil a fait long feu, ça m'a flanqué une secousse!... Je ne chasserai pas demain; bien certainement je ne serai pas en état.

— Voilà bien des affaires pour rien du tout... tout le monde sait ce que c'est qu'un fusil qui fait long feu, on n'en meurt pas...

— Je ne crois pas non plus en mourir... Mais j'ai horriblement mal à la tête...

— C'est précisément ça qui n'est pas naturel... Pour si peu, on ne doit pas avoir mal à la tête... Quand vous auriez des dispositions à la méningite, vous, ça ne m'étonnerait pas...

— Ah! croyez-vous vraiment que...

— Eh! eh! vous avez la tête grosse, pas très bien faite derrière...

— Ah! laissez-moi au moins achever de dîner tranquillement...

— Il a raison, laissez-le dîner, vous êtes là à l'impressionner...

— Ça ne devrait pas l'impressionner; si ça l'impressionne, c'est qu'il n'a pas de moral!

— Elle a une belle gorge, madame de Vyelgarde. (*L'abbé baisse les yeux.*)

— Oui, comme ça, à l'œil... Mais c'est soufflé... cela manque de consistance...

— Oh! croyez-vous?

— Enfin, voyons, tout le monde le sait; d'où sortez-vous donc? Il faut apprendre, Lastyng, mon ami; votre éducation est incomplète...

— Mais...

— Il faut au plus vite étudier en compagnie de ces... princesses de la science...

— Oh! princesses de la science!!!

— Eh! sans doute. Avec un répétiteur pareil, on saute au moins trois classes... et on peut affronter tous les concours...

— On devrait la décorer.

— Vous avez l'air de blaguer; mais il est de fait que bien des gens décorés pour services exceptionnels ne le méritent pas autant que cette célébrité bienfaisante. (*L'abbé glisse un œil furtif du côté de madame de Vyelgarde et se replonge dans son assiette.*)

— Dans tous les cas, elle tire très bien. Elle a tué tantôt six faisans, et quand elle ne tue pas, elle touche toujours assez pour plumer...

— Affaire d'habitude.

— On va finir par entendre. Recta a déjà regardé deux ou trois fois par ici...

— Oui... j'ai vu son œil d'angoisse; je le connais, son œil d'angoisse...

— Parbleu! nous le connaissons tous; nous le lui faisons assez souvent sortir.

— C'est moi qui ne nous inviterais pas si j'étais maître de maison!

— Oh! pourquoi? Ce serait dommage! Nous sommes cependant bien aimables...

III

FINALE

De Saint-Cynnatus, la petite madame de Rebondy, de Quibron, parlant très haut pour dominer le bruit des autres conversations.

— Comment! vous croyez que madame de Nymbe et Pondor ne sont plus... au mieux?

— J'en suis absolument sûr, madame.

— Et lequel a quitté l'autre?

— C'est madame de Nymbe qui a abandonné la partie.

— Tiens! pourquoi donc? Il n'est pas mal, Pondor...

— Oh! elle l'a lâché pour une misère; il éteignait toujours la bougie avec sa pipe... Il paraît que ça horripilait madame de Nymbe; elle n'a jamais pu s'y faire...

Madame de Rebondy, *scandalisée.* — Oh! dites donc, vous nous racontez là des histoires...

— Alors, chaque fois qu'il recommençait : une scène ; ça finissait par faire beaucoup de scènes...

— Et il ne lui a pas sacrifié cette habitude ?...

— Oh ! vous savez, les habitudes d'enfance...

LE GÉNÉRAL DE BELPOTONE, LA BELLE MADAME DE VESPÉTRO, D'ESTOURDY.

D'Estourdy, inquiet, surveille avec anxiété les mouvements du général qui, légèrement congestionné, parle à l'oreille de madame de Vespétro.

— Ces fossettes !... Oh ! ces fossettes !...

MADAME DE VESPÉTRO. — ...

— Vous savez, belle dame, ce que l'on dit : Toujours ces nids à baisers se répètent à différents étages ? Cette croyance est justifiée, n'est-ce pas ?

— . . . .

D'ESTOURDY, *qui n'entend pas, mais se méfie et veut rompre les chiens.* — Alors, général, vous avez été le roi de la chasse, aujourd'hui ?

— Moi ? je n'ai rien tué ! C'est pour vous f... de moi que vous me dites ça !...

— Pardon... oh ! général, pouvez-vous penser ?

— Mais vous avez bien dû voir...

— Je n'y étais pas, général, je n'y étais pas.

LE GÉNÉRAL, *le regardant de travers.* — Ah ! Et où étiez-vous, sans indiscrétion ? (*Se retournant tendrement vers madame de Vespétro.*) D'ailleurs, ce n'est pas la chasse qui m'occupe...

LE PRÉFET, MADAME DE RECTA, LE GÉNÉRAL DE GÉNYCOUR.

Madame de Recta, très ennuyée de son rôle de maîtresse de maison, entre le préfet et le général qui ne veulent parler que politique et se disent, depuis le commencement du dîner, des *choses peu courtoises...*

LE PRÉFET, *un peu lancé*. — Oui, le ministre était une crapule, je vous l'accorde.

MADAME DE RECTA. — Oh! vous allez peut-être un peu loin.

— Non, je ne vais pas trop loin ; on ne va jamais trop loin quand il s'agit de reconnaître la vérité... C'était une crapule!... Mais, quant au nouveau, il vaut infiniment mieux.

LE GÉNÉRAL, *gouailleur*. — Parbleu! le nouveau vaut toujours mieux.

LE PRÉFET, *riant*. — Évidemment. (*Avec étonnement.*) Tiens, vous avez de l'esprit, général.

LE GÉNÉRAL, *vexé de l'intonation*. — Mais, monsieur...

MADAME DE RECTA. — Puisque vous aimez les lapins, général, nous tâcherons de vous en faire tirer quelques-uns.

LE GÉNÉRAL, *bourru*. — J'aime les lapins, j'aime les lapins... Depuis que je suis divisionnaire, il me reste bien peu de temps à leur consacrer, aux lapins...

M. d'Oronge, madame d'Oubly, du Helder.

— Est-ce qu'on chasse encore demain?

— Espérons que non; c'est assommant, à la fin, toutes ces chasses !

— Il y a des gens qui, à partir du 1ᵉʳ septembre, se croient obligés à faire chasser...

— Au lieu de laisser leurs invités tranquilles.

— C'est vrai, ça ! On vient s'embêter chez eux pour se remettre... du reste... et, au lieu de laisser les gens en repos, on les... esquinte.

Madame d'Oubly. — A quoi passeriez-vous votre temps, si on ne chassait pas?

— Quand ce ne serait qu'à vous tenir compagnie.

— Une jolie partie de plaisir! Et que ferions-nous, je vous le demande?

Du Helder (*se penche à l'oreille de madame d'Oubly et lui parle bas; elle est cramoisie*). — Vous savez que vous devenez tout bonnement impossible, du Helder?

— Quand on dit à un ami qu'il devient impossible, c'est qu'on est bien près de le trouver charmant!

— Il n'y a plus d'hommes bien élevés !

— Taisez-vous donc! Il n'y a que les femmes laides qui aient le droit de dire ça, pour faire croire qu'on leur a manqué de respect.

M. de Recta, le duc de Grenelle, madame de Vyelgarde.

Le duc, *à M. de Recta*. — Quelle est donc cette jeune femme là-bas, au bout de la table?

— C'est ma petite cousine de Rebondy.

— Eh! eh! Elle est drôlette... très drôlette... et fraîche! Un morceau de roi!... à croquer...

Madame de Vyelgarde, *vexée*. — Oui, à la campagne... sur une botte de foin!...

Le duc. — Eh! les morceaux qui peuvent se passer d'assaisonnement ne sont pas les moins recherchés... la fraîcheur est la plus belle parure... pour la femme...

Monsieur de Recta, *voulant pacifier la situation*. — Oh! du reste, elle adore son mari, c'est un petit ménage modèle...

Le duc. — Je connais ça, les petits ménages modèles... On ne les rencontre jamais que dans sa propre famille... Du moins, on dit qu'on les rencontre, car...

Monsieur de Recta. — ...

De Saint-Leu, madame de Pryfix, de Rupin.
De Saint-Leu et de Rupin absolument gris.

De Saint-Leu, *à madame de Pryfix*. — Oui... oui... il m'est arrivé de tirer quatorze coups de lapin sur le même fusil!... C'est-à-dire... non, quatorze coups de fusil sur le...

— Et il attendait?

— S'il attendait?... Je crois bien qu'il attendait... C'est-à-dire... non, mais je le poursuivais... je le poursuivais de ma haine...

DE RUPIN, *de l'autre côté, plongeant dans le corsage de madame de Pryfix.* — Voyez-vous, la figure... ce n'est rien, la figure... C'est le reste qui est tout... et avec un reste adroitement exploité... on va très loin... (*Continuant à se pencher et à plonger de plus en plus.*) On va excessivement loin...

Au bout de la table, DES AÇORES, LE PETIT DE LASTYNG, DE HALBRAN, L'ABBÉ, etc., etc.

— De Rupin est absolument parti...

— Comme toujours.

— Regarde les yeux qu'il fait à madame de Pryfix...

— Il faut qu'il soit rudement gris ou qu'il ait un courage...

— Il y a des femmes laides qui plaisent beaucoup.

L'ABBÉ, *doucement, la langue un peu pâteuse.*— Il n'y a, dit un vieux dicton, « si vilain pot qui ne trouve son couvercle... »

— Oh !!!

L'abbé rougit et dévore ses fruits frappés.

On prend le café dans le hall; le tumulte est à son comble. Le général et le préfet sont à présent du même avis; l'abbé s'ingurgite silencieusement coup sur coup des verres de liqueur. De Rupin a saisi par un bouton de son habit M. de Recta qui circule de plus en plus correct au milieu des groupes bruyants, et lui dit d'une voix attendrie :

— Vous êtes un aimable pochard.

Le petit de Lastyng se fait présenter à madame de Vyelgarde et profite de ce qu'il est lancé pour lui expliquer immédiatement le service qu'il attend d'elle; madame de Pryfix regarde dans la glace si sa robe a suffisamment dégringolé pour faire voir le signe qu'elle a dans le dos; les chasseurs fatigués sont assis au mur et se racontent à tue-tête d'un côté à l'autre de la salle les anecdotes les plus invraisemblables. M. et madame de Recta se regardent douloureusement.

Et demain matin, à déjeuner, tous ces gens-là seront sérieux, froids, quelques-uns même très bien élevés !...

CE QU'ILS DISENT

LES UNS DES AUTRES

I.

CE QUE CES DAMES DISENT DE CES MESSIEURS

Ces messieurs sont à la chasse.
Ces dames, réunies au salon, lisent, travaillent ou papotent en les attendant.
MADAME D'ARMYDE, plongée dans un fauteuil de bambou à bascule, cause avec la belle MADAME DE VESPÉTRO, un des plus charmants ornements de la colonie espagnole, etc.

MADAME DE VESPÉTRO. — A quelle heure rentrent les chasseurs?

MADAME D'ARMYDE. — Tard, heureusement! car ils sont assommants. Ne trouvez-vous pas?

MADAME DE VESPÉTRO. — Mon Dieu, je connais ces messieurs très peu encore, et je...

MADAME D'ARMYDE. — Mais vous en avez connu

d'autres ?... Ils sont bien toujours les mêmes, allez ! Ceux-ci ou ceux-là, c'est tout pareil.

Madame de Vespétro. — Il est plusieurs de ces messieurs que j'avais beaucoup entendu vanter, avant même de les rencontrer ici ; M. d'Estourdy, par exemple !...

Madame d'Armyde. — Et vous le trouvez au-dessous de sa réputation, hein ?

Madame de Vespétro. — Je ne veux pas dire cela ; M. d'Estourdy est bon enfant, gai, plein d'entrain...

Madame d'Armyde. — Oui, il est bruyant, c'est certain ; mais bon enfant, c'est autre chose...

Madame de Vespétro. — Ah !... Et le duc de Grenelle ? On m'avait aussi beaucoup parlé de lui...

Madame d'Armyde. — On vous a dit qu'il avait de l'esprit ?

Madame de Vespétro. — Non, mais...

Madame d'Armyde. — Pauvre bonhomme ! Un vrai crétin !... Mais il a grande mine et il est immensément riche, il donne des fêtes splendides, et on l'invite volontiers partout, parce qu'il orne beaucoup.

Madame de Vespétro. — M. de Gaillac est très joli garçon... (*Baissant la voix.*) Ne dit-on pas qu'il est au mieux avec madame de Reygal ?

Madame d'Armyde. — Il y a beau temps que c'est fini! Pour le moment, c'est la maîtresse de la maison qui le tient dans ses filets... ou plutôt dans sa toile, car elle est d'une maigreur... d'araignée... N'êtes-vous pas de mon avis?

Madame de Vespétro. — Je ne dis jamais de mal des femmes.

Madame d'Armyde. — Par diplomatie, ou par esprit de corps?

Madame de Vespétro, *jetant furtivement un coup d'œil à la glace.* — Par indifférence.

Madame d'Armyde, *à part.* — Elle a du toupet, l'Espagnole! (*Haut.*) Est-ce que vous les trouvez amusants, vous?

Madame de Vespétro. — Qui donc?

Madame d'Armyde. — Ces messieurs.

Madame de Vespétro — Amusants? Oh! non!

Madame d'Armyde. — Enfin, vous plaisent-ils?

Madame de Vespétro. — Non plus. Pour me plaire, à moi, il faut être tourné autrement que ça. Je comprends toutes les... faiblesses, toutes les fantaisies, mais à condition qu'elles soient justifiées par quelque chose, et, franchement, ils sont tous si menus, si... comment dites-vous cela?... atrophiés... je crois... qu'il est, à mon avis, inexcusable de se donner à eux...

Madame d'Armyde. — Se donner, se donner

comme ça, tout de suite !... Comme vous y allez !...

Madame de Vespétro, *très simplement*. — Ah ! pardon, je croyais que nous nous occupions d'eux à ce point de vue précisément...

Madame d'Armyde. — A ce... point de vue, si vous voulez. Mais ne peut-on aimer un homme sans qu'il soit... magnifique ?... Les qualités de l'esprit, la distinction, l'élégance, ne peuvent-elles suppléer à...

Madame de Vespétro. — Suppléer... jamais !...

L'aînée des petites de Rirfray peignant une feuille de paravent ; la seconde assise sur un des coins du piano à queue.

La seconde des petites de Rirfray. — As-tu bientôt fini cette feuille ?

L'aînée des petites de Rirfray. — Ce soir, avant dîner, à condition qu'ils ne rentrent pas trop tôt...

La seconde. — Le fait est que, quand ils sont là, il n'y a plus moyen de rien faire.

L'aînée. — Cela ne te gêne pas beaucoup pour ce que tu fais...

La seconde. — Je n'aime pas à commencer quelque chose lorsque je sais que je serai dérangée.

L'aînée, *riant*. — Et puis, tu n'es pas du tout paresseuse ?...

La seconde. — Oh! c'est M. d'Abélar qui l'est, va, paresseux! Il reste toute la journée étendu sur son lit, à fumer des pipes.

L'aînée. — Comment le sais-tu?

La seconde. — Je le regarde par la fente de ma porte... et aussi le matin, quand il se lève. Il se lève tard... toujours après moi... Continuellement je le regarde... quand je n'ai rien à faire, ça m'occupe... Il n'y a que le soir que je le vois mal, parce qu'il a une manière de poser sa bougie qui est très gênante... pour moi.

L'aînée, *riant*. — Tu as trouvé un jeu?

La seconde. — C'est très drôle! Il est laid! tu ne te fais pas une idée de ça! Il bombe comme cela... du haut... et puis il a des petites jambes toutes rouges et toutes minces; hier il s'est promené en chemise pendant un quart d'heure. Si la chambre de maman n'était pas entre les nôtres, je t'aurais joliment appelée, va! J'avais envie d'aller te chercher par le corridor...

L'aînée. — Merci. Je ne tiens pas à voir M. d'Abélar faire sa toilette, moi.

La seconde. — Il faut que je te dise : l'autre jour, maman et la duchesse causaient, et la duchesse disait : « Je vous assure que M. d'Abélar ferait très bien votre affaire pour l'aînée de vos filles; il meurt d'envie d'être agréé; vous n'avez qu'un mot à dire. »

L'AINÉE. — Vraiment? Et qu'est-ce que maman répondait?

LA SECONDE. — « C'est mon mari qui ne veut pas en entendre parler, disait maman. Vous comprenez, à cause de ce malheureux nom; il a beau ne pas le mériter, c'est ridicule tout de même. » Dis donc, Gilberte, est-ce que tu sais ce que ça veut dire « Abélar » ?

L'AINÉE. — Mais non.

LA SECONDE. — Qu'est-ce que ça peut bien être « un Abélar »? Ça doit être quelque chose d'épouvantable...

L'AINÉE. — Pourquoi?

LA SECONDE, *confidentiellement*. — Ça n'est même pas dans le dictionnaire! J'ai cherché; il y a seulement : « Abélard ou Abailard (Pierre), moine, théologien et philosophe. »

L'AINÉE. — Oui, Abélard et Héloïse.

LA SECONDE. — Tu vois; l'autre signification n'y est pas; il n'en est pas question. C'est égal, je suis bien aise que papa n'en veuille pas pour toi, à cause de son nom... Moi, c'est à cause de ses jambes... J'aime mieux M. d'Estourdy, et toi?

L'AINÉE, *sans enthousiasme*. — Oui.

LA SECONDE. — Tu n'as pas l'air. Dis donc, tu ne

sais pas quelque chose que je crois. C'est que le duc de Grenelle est amoureux de toi; il t'épouserait bien !

L'aînée. — Moi aussi.

La seconde, *ahurie*. — Toi aussi! Un vieux monstre comme ça ! Oh ! ne dis pas des choses pareilles ! Mais il a l'air d'un vieux mannequin !...

L'aînée. — Il est duc et si riche !

La seconde. — Et bête, donc !...

L'aînée. — Bête? Il est de l'Acudémie !

La seconde.—Eh bien ? Qu'est-ce que ça prouve ?

L'aînée. — Il me semble cependant que c'est une distinction qui...

La seconde. — Parce qu'il n'y en a que quarante, que c'est une distinction, sans ça...

Mesdames de Reygal, de Lyane, de Rirfray, de Paly, et la maîtresse de la maison causent en travaillant à des vêtements de pauvres.

Madame de Reygal. — Avez-vous entendu avec quel aplomb du Helder nous a dit ce matin qu'il avait trente-six ans ?

Madame de Paly, *avec intérêt*. — Il a davantage ?

Madame de Reygal. — Il se trompait, ou plutôt il nous trompait d'une dizaine !

Madame de Paly, *qui semble rêveuse.* — Oh vraiment? Eh bien, je... le devinais...

Madame de Lyane. — A quoi ?

Madame de Paly. — Je ne sais... je...

Madame de Lyane, *avec insistance.* — Enfin, à quels signes voyiez-vous qu'il trompait sur son âge ?...

Madame de Paly, *embarrassée.* — Mais... à tout et à rien... Il est très difficile de définir ces choses-là...

Madame de Rirfray. — C'est ce pauvre duc qui change à vue d'œil. Est-ce que vous ne vous en apercevez pas ?

La maitresse de la maison. — Oui, peut-être un peu.

Madame de Reygal. — Ils vieillissent tous plus ou moins ; les années les marquent, comme nous ; on ne peut pas leur en vouloir de cela ; mais ce que je ne leur pardonne pas, par exemple, c'est d'être ennuyeux. Et ils le sont tous ! tous ! sans exception.

Madame de Lyane. — C'est bien vrai ! On ne s'amuse un peu que quand ils ne sont pas là.

Madame de Reygal. — Ils y sont presque toujours!

Madame de Lyane. — Hélas ! Et le plus joli, c'est qu'ils croient sincèrement qu'on ne peut se passer d'eux, qu'on souffre de leur absence. Le moment que je préférais autrefois, c'était l'heure qui suit les repas ; ils allaient fumer, se promener, ils disparaissaient enfin.

La maitresse de la maison. — Eh bien ?

Madame de Lyane. — Eh bien, maintenant, ils ne vont même plus fumer !... Oui... la mode prend de tenir compagnie aux femmes ! Il y a les bons petits jeunes gens de la nouvelle école qui ne fument pas, pour ne pas avoir de mauvaises habitudes, et les avachis de la génération précédente, qui ne fument plus, parce que leurs estomacs éreintés ne le permettent pas. Alors, ces charmants spécimens du sexe fort nous encombrent de leur présence, sous le fallacieux prétexte de ne pas « nous abandonner », mais en réalité parce que la fumée des autres leur fait mal au cœur.

Madame de Paly. — C'est vrai ; tous les soirs le petit de Lastyug reste avec nous au salon ; c'est un jeune !

Madame de Reygal. — Saint-Cynnatus aussi ; c'est un « avachi », comme dit madame de Lyane.

Madame de Lyane. — Le mot n'est pas très élégant, mais il peint admirablement ma pensée...

Madame de Rirfray. — La nôtre aussi, je crois.

II

CE QUE CES MESSIEURS DISENT DE CES DAMES

Pendant la chasse. Ces messieurs marchent généralement deux par deux, et causent plus qu'ils ne tirent.
De Gaillac et d'Estourdy, suivis de leurs deux chiens.

D'Estourdy. — Pourquoi donc chassez-vous puisque ça ne vous amuse pas?

De Gaillac. — Pour lâcher ces dames d'un cran... sans trop en avoir l'air.

D'Estourdy. — Il me semble qu'autrefois vous ne détestiez pas la société des jolies femmes?

De Gaillac. — Je me trouve aux Glycines dans la plus bête de situation du monde. Je ne m'attendais pas à y rencontrer madame de Reygal, qui me lance des regards foudroyants du matin au soir... Je crois qu'elle se doute de quelque chose...

D'Estourdy, *riant*. — Ça me paraît probable.

De Gaillac. — D'un autre côté, je n'ose pas avertir l'autre afin qu'elle se méfie... Elle est horriblement jalouse et j'aurais une scène, que j'aime autant éviter.

D'Estourdy. — Pourquoi une scène? La valeur en hausse est toujours enchantée de constater la baisse des autres; elle doit bien se douter, d'ailleurs, qu'elle n'est pas la première sur laquelle vous avez jeté les yeux...

De Gaillac. — Ma foi, mon cher, je n'en jurerais pas. Imaginez-vous qu'elle est tellement naïve (pour ne pas dire plus) que...

Le duc de Grenelle et le petit de Lastyng.
Un domestique les suit portant le carnier du duc.

Le duc. — C'est un charmant plaisir que la chasse!... Ce que je plains, par exemple, ce sont ces pauvres femmes qui se morfondent d'ennui pendant ce temps; elles sont ennuyeuses, c'est vrai, mais enfin ce n'est pas leur faute... Voyez-vous, jeune homme, un des vices de notre époque, c'est le manque de femmes !

Le petit de Lastyng. — Je ne m'aperçois pas que...

Le duc de Grenelle. — De femmes intelligentes, s'entend. Nous rencontrons des femmes aptes à nous procurer les plaisirs physiques, nous en rencontrons plus que nous ne voulons, même...

Le petit de Lastyng. — Je ne trouve pas...

Le duc de Grenelle. — Mais des femmes spirituelles avec lesquelles nous puissions goûter les jouissances intellectuelles qui nous sont plus nécessaires encore que les autres... il n'y en a plus, jeune homme, il n'y en a plus.

Le petit de Lastyng. — Pourtant...

Le duc de Grenelle. — Ainsi, voyez plutôt aux Glycines ; il n'y en a pas une capable de fixer l'attention d'un homme de valeur. Madame de Vespétro est une grue...

Le petit de Lastyng. — Oh !

Le duc de Grenelle. — Le mot n'est pas trop fort, jeune homme ; je sais le respect qu'on doit aux femmes, ce mot peut être maintenu... Madame de Rirfray est un vieux débris ; madame de Lyane, une folle ; madame d'Armyde, une méchante femme ; madame de Pâly, une sotte, et madame de Reygal, une noceuse. Quant à la maîtresse de la maison... Nous glisserons, parce que nous sommes chez elle...

Le petit de Lastyng. — Oui, oui, glissons.

De Saint-Cynnatus et du Helder couchés au pied d'un arbre.

De Saint-Cynnatus. — Alors, tu es venu pour madame de Vespétro ?

Du Helder. — Parbleu ! et toi aussi ?

De Saint-Cynnatus. — Je l'avoue... Et... tu as réussi naturellement?

Du Helder, *l'imitant*. — Je l'avoue... Et toi aussi ?

De Saint-Cynnatus. — Bien entendu. Nous ne serons pas jaloux l'un de l'autre, je présume ; disons-nous bien que beaucoup nous ont précédés, que davantage nous suivront ; enfin qu'il y a beaucoup d'appelés et encore plus d'élus.

Du Helder. — C'est ce pauvre Vespétro qui me fait de la peine. Où donc est-il ?

De Saint-Cynnatus. — Avec de Pâly, de Lyane et d'Armyde. Tous les maris chassent ensemble en ligne... C'est cocasse !

Du Helder. — Ils ont bien raison. Au moins, les autres peuvent parler librement de leurs femmes.

De Saint-Cynnatus. — Et Rirfray donc, que j'oubliais ! Pauvre homme ! Il est trois fois éditeur responsable : quelle situation !

Du Helder. — Je la préfère encore à celle de M. de Vespétro.

De Saint-Cynnatus. — Bah ! Il y a longtemps que Vespétro a pris son parti ; maintenant il n'y pense plus.

Du Helder. — Les cornes, c'est comme les

dents ; ça ne fait de mal que quand ça pousse, et il y a des gens qui mangent avec !

Messieurs de Lyane, de Paly, de Vespétro, d'Armyde et le maître de la maison.

Monsieur d'Armyde. — Quelle belle invention que la chasse ! Quel excellent prétexte pour passer une journée dehors !

Monsieur de Lyane. — Et quelle joie de passer une journée dehors ! Quand je pense pourtant que je me suis marié pour être tranquille !

Monsieur de Paly. — Ah bah !

Monsieur de Lyane. — Eh oui ! j'étais d'un naturel jaloux, oh ! mais affreusement jaloux ; naturellement mes maîtresses me trompaient tout le temps ; c'est alors que j'ai pris le parti de me marier...

Monsieur de Vespétro, *avec intérêt*. — Eh bien ?

Monsieur de Lyane. — Eh bien, ma femme ne me trompe pas... jusqu'à présent... Oh ! j'en suis sûr, elle me fait trop de scènes ; elle ne me ménage pas du tout ; elle me fait endiabler !... pour se dédommager... probablement.

Monsieur d'Armyde. — On ne s'imagine pas comme une seule femme est plus gênante que beaucoup.

Monsieur de Paly. — A qui le dites-vous. Quand

je pense que j'ai eu le bonheur d'être garçon! Et je
ne l'appréciais pas, ce temps exquis. J'ambition-
nais une jolie petite femme à moi tout seul... Je ne
savais pas, pauvre insensé! ce que c'est qu'une
jolie petite femme à soi tout seul!

Monsieur de Vespétro. — Pour qu'elle soit à
vous tout seul, il ne faut pas qu'elle soit jolie.

Monsieur de Paly. — Hein?

Monsieur de Vespétro, *tranquillement*. — Eh
oui! Quand on est parfaitement belle, on le sait;
et quand on le sait, on se blase bien vite sur une...
admiration unique; c'est insuffisant, quelque ex-
plicite et enthousiaste qu'elle soit. On veut faire
admirer à d'autres, et dame! il est peu de gens
assez délicats pour regarder sans toucher.

Le maître de la maison, *à part*. — C'est un philosophe, cet Espagnol!

M. de Rirfray, M. d'Abélar.

Monsieur de Rirfray. — Je suis moulu. Ah! si
ça n'était pas pour prendre un peu la clef des
champs, c'est moi qui ne chasserais pas!

Monsieur d'Abélar. — Est-ce qu'il n'est resté
personne pour tenir compagnie à ces dames?

Monsieur de Rirfray. — Ne vous inquiétez donc
pas d'elles! Elles n'ont besoin de personne, allez!

Ah! qu'on voit bien que vous ne connaissez pas les femmes, vous!

Monsieur d'Abélar, *protestant.* — Permettez... permettez...

III

CE QU'ILS SE DISENT QUAND ILS SONT ENSEMBLE

De Saint-Cynnatus et madame de Vespétro.

De Saint-Cynnatus. — Qu'est-ce que vous aviez donc à rire pendant le dîner? Du Helder vous parlait à l'oreille; c'était absolument inconvenant. Qu'est-ce qu'il vous a dit?... Dites-le-moi, je vous en prie... Oh! ne riez pas!... Eh bien, oui, je suis jaloux... et après?... Qu'est-ce que cela prouve?... Que je vous aime!...

Madame de Vespétro. — Cela prouve que vous avez de l'amour-propre, voilà tout!. . . . . . .
. . . .

Le duc de Grenelle et madame de Paly.

Le Duc de Grenelle. — A mon âge, voyez-vous, on sait ce que c'est que l'amour; on est capable d'apprécier, de choisir; on ne ramasse pas le plus gros bouquet, mais on ne cueille que les fleurs

rares, et ces fleurs, on les découvre où elles se cachent, et plus elles sont fraîches et pures, plus on s'enivre facilement de leur parfum pénétrant et subtil. . . . .
. . . .

D'Estourdy et madame d'Armyde, assis sous le palmier.

D'Estourdy. — Vrai! vous êtes superbe, ce soir!

Madame d'Armyde. — Il est temps de vous en apercevoir.

D'Estourdy. — Il y a longtemps que je m'en aperçois ; mais vous savez que je ne dis pas toujours ce que je pense...

Madame d'Armyde. — Et surtout que vous ne pensez pas toujours ce que vous dites?

D'Estourdy. — Oh! quant à ça! vous savez à merveille à quoi vous en tenir là-dessus. . . .
. . . .

Le petit de Lastyng et madame de Lyane.

Madame de Lyane. — Alors, vous aussi, vous nous avez abandonnées?... Je comprends qu'un cigare ait plus d'attraits que notre conversation... Mais, jusqu'à présent, vous nous étiez restés fidèles, vous et M. de Saint-Cynnatus, qui vous a entraîné ou suivi ; car je ne sais lequel a rompu le premier.

Le petit de Lastyng proteste de toutes ses forces ;

il a des sanglots dans la voix. . . . .
. . . .

Du Helder et madame de Vespétro.

Du Helder. — Qu'est-ce qu'il vous a demandé, tout à l'heure, cet animal de Saint-Cynnatus? Il vous parlait avec une animation... Est-ce que vous ne voyez pas que je souffre?... C'est bête, très bête même... Je ne vous dis pas le contraire, mais rassurez-moi... Cela vous est si facile... Et d'un mot vous me rendriez si heureux !... Qu'est-ce qu'il vous disait... voyons?

Madame de Vespétro, *lui tournant le dos*. — Il me recommandait d'être aimable pour vous. . .
. . . .

De Gaillac et la maitresse de la maison.

De Gaillac. — Voyons, ma chère Fernande, ne soyez pas fâchée contre moi... Vous savez bien que je vous adore... que je n'aime que vous... que je n'ai jamais aimé que vous...

La maitresse de la maison. — Vraiment! Osez donc répéter ce mensonge.

De Gaillac. — Ce n'est pas un mensonge, je vous jure que...

La maitresse de la maison. — Jurez-moi donc un peu cela... sur l'honneur

De Gaillac. — Je le jure sur l'honneur !

La maitresse de la maison. — Comme si je ne savais pas que les serments d'amour ne comptent pas...

De Gaillac. — Mais alors, pourquoi me faites-vous jurer, sacrebleu ? Pardon... je vous aime... je...

Ils disparaissent une seconde derrière le paravent. Madame de Reygal guette en riant leur retour. . . . .
. . . .

Madame de Reygal et d'Abélar.

Madame de Reygal. — Voyez-vous, j'ai essayé de tout pour me distraire ; j'ai voyagé, j'ai dansé, j'ai lu, je ne dirai pas que j'ai aimé... je ne peux pas aimer... hélas !... Peut-être est-ce parce que je n'ai pas rencontré encore celui que j'aimerai...

D'Abélar la regarde avec stupéfaction. . . .
. . . .

La seconde des petites de Rirfray et d'Estourdy.

La seconde des petites de Rirfray. — Eh bien ! il n'est pas si laid en habit, ce pauvre M. d'Abélar !... C'est étonnant comme ça le change...

D'Estourdy. — Qu'est-ce qui le change ?

La seconde des petites de Rirfray. — Rien !
. . . .

M. de Lyane et sa femme.

Monsieur de Lyane. — Tu ne t'es pas trop ennuyée toute la journée, ma petite chérie; j'ai rudement pensé à toi, va; quand on est marié depuis peu, on trouve le temps bien long pendant ces grandes heures de séparation. . . . .
. . . .

UNE OUVERTURE

HUIT HEURES DU MATIN — A LA CUISINE

Gardes, domestiques, gens d'écurie, etc., etc.

Un vieux garde. — C'est-y des gens cossus, au moins ?

— Rien d'épatant, père Lavallée, rien d'épatant.

— Oui, croyez-moi, allez; vous excitez pas trop sur les pourboires, parce qu'y pourra bien pas y avoir gras.

— Tant pis ! l'année dernière, c'était une bonne année. Y étaient douze à l'ouverture, y ont donné chacun un louis !

— Ça fait douze louis; ben, y sont quinze, c't'année, et vous pouvez être sûr qu'vous aurez pas ça ; c'est pas des invités rupins...

— C'est ces fichues élections qu'est encore cause d'tout.

— Mais non, puisque c'n'est qu'dimanche prochain.

— Ça n' fait rien, on va chez soi, pour préparer...

— Mais non; nous n'recevons pas d'gens politiques.

— A quoi qu'ça tiendrait, alors?

— Ceux d'l'année dernière sont partis ou occupés.

— Occupés! malheur! et à quoi donc, mon Dieu?

— Le baron est au Sénégal..

— Où est-ce?

— Je n' sais pas au juste; très loin... au moins en Amérique. Le gros de Labranche plaide en séparation contre sa femme...

— Lui-même?... J'croyais qu'on payait un homme pour faire ça.

— Naturellement.

— Ben, alors, y pourrait bien venir tout d'même! Y en avait pas un comme lui pour manquer un lièvre...

— J'm'en rappelle bien, moi, d'sa femme. Une petite blonde, qui courait toujours après M. d'Estourdy dans les corridors...

— Justement; c'est à cause de M. d'Estourdy qu'le mari veut s'séparer... Mais y paraît qu'c'est pas facile, vu qu'y a pas d'preuves ; alors l' mari en cherche, des preuves...

— J'sais pas, moi ; mais y m'semble qu'si j'étais dans c'cas-là, j'en chercherais pas ; on doit en avoir assez...

— Mais si ; ça s'fait toujours ; on appelle ça un casier judiciaire !

— Alors, l' mari n'pourra plus voter?

— Si. D'abord Joseph se trompe ; c'est un « dossier » qu'ça s'appelle et pas « casier ».

— C'est bien pour le plaisir de contredire, car c'est absolument la même chose, mam'selle Jeannette.

— Pas du tout. Avant d'être chez madame, j'étais chez un avocat, qu'ils ne parlaient que d'ça, ainsi...

— Elle est jolie, votre maîtresse ! Dites donc, est-ce que c'est vous qui lui astiquez les épaules? Si c'était vous, j'vous dirais d'faire ça plus solidement, parce que, quand j'prends les jattes de fruits sur la table et qu'je frôle un peu avec ma manche, j'en emporte la moitié après...

— Malhonnête !

— Oui, et c'est bizarre ; ce blanc-là qui n'tient pas ferme à la peau, ça tient à ma manche, qu'le bon Dieu lui-même ne l'enlèverait pas du premier coup.

— Dites donc, chef, donnez-moi l'chocolat de monsieur l'vicomte, voulez-vous? Y m'a dit de l'éveiller à huit heures, et il est trente-cinq... au moins.

— Allez toujours le réveiller, ça sera prêt quand vous reviendrez !

— Ah ben, ouiche; si j'entrais chez lui sans lui apporter son déjeuner, y m'recevrait bien ! Dès qu'il a les yeux ouverts, y faut qu'y s'fourre quelque chose dans l'bec, y a pas !

— Faiblesse d'estomac !

— Il a pourtant l'air solide, le vicomte !

— Vous croyez ça, mam'selle Julie? eh bien, si vous l'frottiez comme moi avec un gant d'crin, quand y sort d'son tob, vous verriez ça ! D'la peau, des os, et pas d'nerfs; que la peau vous roule sous les doigts, que ça en est impressionnant ! Solide !!! ah ! misère !

— M. d'Estourdy est gentil; c'est celui de ces messieurs que j'aime le mieux servir...

— Je crois bien ! il a toujours quelque chose de décousu pour vous attirer dans sa chambre...

— Oh ! si l'on peut dire !...

— Même que si j'étais monsieur le marquis, j'prierais mes invités d'apporter des vêtements neufs, ou, s'il leur arrive un accident, de l'envoyer réparer dans la lingerie.

— Dieu ! qu'vous êtes méchant, monsieur Baptiste !...

— Crrr... qu'est-ce qui sonne comme ça ? Ah ben, merci ! Ah ! c'est la sonnette d'madame d'Armyde... C'est pour vous, mam'selle Jeannette... Soignez la peinture, hein ! Donnez plutôt deux couches ! Que ça tienne !

— Cré coquin ! la soupe des chiens d'invités qu'j'ai oubliée ! Y vont être pleins pour partir !

— Ben ! qu'est-ce qu'ça fait ? les maîtres le sont bien !

HUIT HEURES ET DEMIE — CHEZ LES CHIENS DES INVITÉS

— Pas fameuse, hein, la soupe ?
— Et des petites portions de rien du tout.

UN GRAND ÉPAGNEUL ORANGE. — Tenez, si vous voulez manger la mienne, la voilà.

— Tu n'as pas faim, mon pauvre Perdreau.

— Non. J'ai une courbature. Je suis venu dans un compartiment où je ne pouvais pas me tenir debout.

UN PETIT BRAQUE BLEU. — C'est le désavantage des grandes tailles.

L'épagneul dédaigne de répondre, se recouche et ferme ses grands yeux d'or.

— Les maîtres ont si peu soin de nous !

— Moi, je n'ai pas à me plaindre ; le mien a voyagé en troisièmes pour ne pas me quitter, et je suis bien sûr qu'il va venir me voir ou m'envoyer chercher.

— Ils devraient tous être comme ça !

— Moi, je chasse depuis deux ans ; le mien n'a encore tué qu'un lièvre, et encore je ne suis pas sûr que ce soit lui !

— Y voudront bientôt des chiens qui leur rapportent le gibier qu'ils manquent.

— Tenez, quand je vous disais qu'on allait venir me chercher ! ! !

NEUF HEURES — LE CORRIDOR ET LES CHAMBRES

Tout le monde s'éveille. Quelques-uns sont déjà levés. Beaucoup de tapage. Va-et-vient continuel ; les portes s'ouvrent, on s'interpelle ; on se demande de petits renseignements.

— Quelles chaussures faut-il mettre ?

— Je ne sais pas.

— Mais enfin, qu'est-ce que vous mettez ?

— De gros souliers et des jambières de cuir.

— Ah ! de cuir ! Est-ce qu'il y a des ajoncs ?

— Non, mais il y a des vipères.

— Bigre !

— Vous n'êtes donc jamais venu chasser ici ?

— Jamais. Des vipères en plaine ! C'est fabuleux !

— Je ne vous dis pas le contraire, mais c'est comme ça.

Un chasseur entr'ouvrant la porte de son voisin de chambre qui sommeille encore :

— Avez-vous plus de cartouches qu'il ne vous en faut ?

— . . . .

— Je vous demande pardon de vous déranger, mais c'est ma brute d'armurier qui m'a donné des cartouches à broches, ça ne va pas, j'ai un Purdey ; alors j'ai pensé que vous pourriez peut-être m'en céder quelques-unes et je...

— Prenez ce que vous voudrez et allez vous promener !

— Sapristi ! vous n'avez pas le réveil gracieux, vous !

Le valet de chambre de d'Estourdy vient l'avertir que madame d'Armyde est furieuse. Il l'empêche de dormir avec ses gros souliers.

— Madame la baronne d'Armyde a dit à sa femme de chambre de prévenir monsieur de ne pas faire un boucan pareil.

— Elle a dit « boucan » ?

— Elle a dit « boucan », oui, monsieur ; la porte était entr'ouverte et j'ai entendu moi-même.

— Enfin, je ne puis pourtant pas empêcher le parquet de craquer, ou marcher nu-pieds comme un petit ramoneur !...

Tapage considérable. Un grand braque feu et blanc traverse à fond de train le corridor en faisant des glissades sur le parquet ciré. Son propriétaire le poursuit en caleçon.

— Ici, Soliman !

— Viens ici !

— Oh ! la sale bête !!

Le chien trouve une porte entr'ouverte et disparaît. Tout à coup, on entend des cris affreux.

— Au secours !

— Qu'est-ce que c'est que ça ? Enlevez-le !!

Puis la sonnette s'agite violemment. Le monsieur en caleçon s'arrête consterné ; une femme de chambre se précipite. Soliman a sauté sur le lit de la marquise ; il est installé et ne veut pas descendre ; la femme de chambre fait d'inutiles efforts pour l'enlever. Le monsieur est au supplice, il appelle vainement son chien.

— Soliman ! viens ici !... allons, mon bonhomme !

— Pst ! pst !... Soliman ! cherche, apporte !!

— Ici, sale bête !!! cré nom de...

Le monsieur s'arrête, se souvenant que la porte seule le sépare de la marquise... et de Soliman, et il se décide à aller s'habiller.

DIX HEURES — L'ESCALIER ET LE VESTIBULE

On sonne le premier coup du déjeuner. Les chasseurs descendent en flânant ; trois ou quatre de ces dames sont déjà levées ; elles viennent assister au déjeuner de ces messieurs qui donneraient beaucoup pour être débarrassés de leur présence et manger paisiblement, sans se sentir examinés par des yeux plus ou moins bienveillants.

— Comment! les petites de Rirfray sont là! Et aussi madame d'Armyde!

— C'est assommant, il va falloir faire des frais.

— C'est stupide, cette manie de se lever de bonne heure qui leur prend à toutes.

— Au moins, autrefois, on était tranquille jusqu'à onze heures et demie ou midi!

— Ah! que voulez-vous? l'habitude de monter à cheval rend les femmes matinales!

— Dites donc! mon fusil est resté cette nuit dans la voiture; mon valet de chambre l'y avait oublié. Il est complètement rouillé ; c'est à croire qu'on l'a flanqué à l'eau.

— Les remises sont horriblement humides!

— Comme tout le château, du reste.

Madame d'Armyde déclare que, d'Estourdy l'ayant éveillée en faisant un tapage infernal, elle a pris le parti de se lever et de venir regarder ces messieurs.

— Nous regarder déjeuner ; voilà encore une distraction !

— C'est insupportable ! Quand on ne mange pas soi-même et qu'on examine les autres, on les trouve absolument ridicules !

— Moi, d'abord, ça me gêne qu'on me regarde manger...

Une des petites de Rirfray s'approche et demande gentiment pourquoi.

— Pourquoi ? parce que, quand je peux manger salement, ce que je mange me paraît meilleur.

— Oh ! vous dites des choses affreuses, et vous n'en pensez pas un mot !

— Si, mademoiselle; les hommes ne sont pas comme vous des créatures éthérées, qui vivent d'air et d'admiration.

— Mais cependant...

— Croyez-en ma vieille expérience, et n'en parlons plus.

— Voulez-vous que je m'en aille ?

— C'est pas la peine, puisque les autres resteraient.

— Comment! vous accepteriez sans cela?
— Sans cela? j'accepterais tout de suite...
— Moi j'aime un chien qui chasse sous la main...
— Pas moi; j'aime mieux un chien allant...
Dans les pays où le gibier est rare, je ne dis pas, mais...
— Eh bien, est-ce qu'il n'est pas rare partout?

DIX HEURES ET DEMIE — LE DÉJEUNER

. . . .
. . . .
. . . .

malgré la présence de ces dames.

ONZE HEURES — LE DÉPART

Grand brouhaha. Recommandations. Cris des chiens et des maîtres. Rires.

— Avez-vous de fortes chaussures? Il y a une pièce de betteraves pour commencer, vous allez voir quelle terre! Ça tient aux semelles comme de la glu.

— Allons, Soliman, derrière, derrière!...

Naturellement Soliman continue à aller devant.

Un TOUT JEUNE HOMME, *à un garde*. — Y a-t-il du perdreau, par ici?

— Y en a... sans en avoir... C'est pas qu'on peut dire qu'y en a beaucoup, beaucoup, mais enfin, y en a tout d'même.

— Eh bien, c'est le coup de fusil que je préfère! (*Il lui met un louis dans la main.*)

LE GARDE. — C'est son début! Pauv' chat! J'vas tâcher d' l'y en faire décrocher deux ou trois, tout d' même. (*Haut.*) Tenez, mosieu, suivez dans les bettes, j' s'rais bien étonné s'y en avait pas une compagnie dans la raie du milieu...

— Les « bettes » !

— Les betteraves, mosieu...

— Hé! dites donc! vous avez le plomb léger, vous!

— Moi...

— Vous m'avez cinglé...

— Cela m'étonne, je tirais ce lièvre qui était dans une toute autre direction...

— Précisément; vous avez tiré dans ma direction, au lieu de tirer dans la sienne... Je vous conseille de rectifier votre tir; il est défectueux!

— Je suis désolé... Vous ai-je fait mal?

— Au contraire... Enfin, grâce à Dieu et à mes molletières de cuir, il n'y a pas de blessures... Ce matin, je les conseillais à Beylayr, les molletières, à cause des vipères; j'avais oublié de parler de vous...

— Vous êtes grincheux... Puisque cela ne vous a pas fait de mal!... Voyons!...

— Pas fait de mal!... C'est vrai; mais ça aurait pu m'en faire...

— Tenez, moi qui vous parle, j'ai un plomb dans le coude depuis l'âge de vingt ans, et je remue très bien sans être aucunement gêné...

— Eh bien, moi, je n'ai de plomb nulle part, et je remue aussi bien que si j'en avais, et je préfère rester comme je suis.

— Oh! je vous disais cela pour vous rassurer, mais puisque vous n'avez été que cinglé, tout est pour le mieux.

— Certainement... tout est pour le mieux! (*Il s'écarte en rognonnant.*)

DEUX HEURES

L'ardeur se ralentit un peu. On s'assoit un instant sur la lisière des bois, ou sous un arbre; chacun cherche l'ombre. On regarde le gibier tué; on critique, on taquine; il y en a même qui essayent de placer la petite anecdote.

— On ne s'imagine pas à quel point on voit d'étranges choses en fait de ricochets; ainsi, je me souviens qu'en 67, je...

— Ne m'en parlez pas, il se produit les effets les

plus extraordinaires; ainsi, moi, j'ai vu, en... 1877, ricocher un coup qui n'avait pas été tiré...

— Vous blaguez toujours, mais je vous assure que je suis très sérieux...

— Eh bien, et moi donc!

Un des chasseurs, *regardant le sac du petit jeune homme qui a donné un louis au garde pour lui faire tirer des perdreaux.* — C'est à vous ce sac, monsieur?

— Oui, monsieur.

— Mais ce n'est pas un sac, c'est une malle. (*Il le soulève.*) Bigre! mes compliments, monsieur; il faut que vous soyez très fort pour porter ça sur votre dos.

Le petit jeune homme. — . . . .

— Peut-on sans indiscrétion regarder l'intérieur pour savoir si c'est capitonné en plomb?... Ah! qu'est-ce que toutes ces fioles?

— C'est une pharmacie, monsieur.

— Ah! très gentil!... Et tous ces petits instruments, pinces, ciseaux, crochets!... et des bandes de toile! C'est vraiment très complet; ce serait fâcheux qu'il n'arrivât pas d'accident pour utiliser tout ça. . . . .

— Comment! voilà que vous recommencez déjà à manger, vous?

— Mais dame! Il y a longtemps que mon déjeuner est dans mes mollets...

— Ça prouve en faveur de votre estomac...

— Oh! il est de fait qu'il est bon, mon estomac... Tenez, je vous parie un louis que je mange toute la terrine de foie gras, à grandes cuillerées, sans pain, et que je n'en suis aucunement incommodé; est-ce dit?...

— Non. J'aime mieux vous donner un louis pour que vous m'en laissiez...

— Allons, il est temps de nous remettre en route si nous voulons aller dans les pièces du haut.

Un chasseur, *allongé sur l'herbe*. — Déjà!

— Pourquoi diable chasses-tu, toi? Tu as l'horreur de la marche, tu tires comme un sabot; tu ferais bien mieux de rester sur un banc dans le parc ou dans le billard.

— Je sais bien; mais je ne chasse que pour oser fumer ma pipe...

— Qu'est-ce qui t'empêche de la fumer ailleurs?

— Ces dames, parbleu!

— Il est inutile de la fumer sous leur nez, mais... dans ta chambre...

— Ah bien, ouiche! Avant-hier, madame d'Armyde a déblatéré contre ça pendant une heure. « Cette horrible odeur me poursuit, disait-elle, je saurai découvrir d'où elle vient. » Et je sentais qu'elle me regardait; naturellement je n'ai pas bronché, mais j'ai emprunté un fusil à d'Estourdy et me voilà; ça me rend malade de ne pas fumer ma pipe...

On se remet en marche. Il y a pas mal de lièvres, mais très peu de perdreaux; malgré toute la bonne volonté du garde, le louis du petit jeune homme est aventuré. Les chasseurs avancent en ligne.

Le général et d'Estourdy marchent l'un près de l'autre. En passant un fossé de route, d'Estourdy butte et lâche son fusil; le coup part.

Le général. — Sacré nom de nom!!! J'ai jamais eu si peur de ma vie!!

— Je vous demande pardon, général...

Le général, *examinant le fusil*. — Tiens! il est cassé!

D'Estourdy, *inquiet*. — Cassé?

— Mais oui; les chiens sont partis. Il n'y a plus de chiens!

— Il n'y en a jamais eu, général.

— Vous badinez.

— Du tout, c'est un fusil Hammerless...

— Alors, comment voit-on quand c'est armé?

— On ne le voit pas.

— Mais c'est horriblement dangereux, monsieur! Si je voyais un outil pareil entre les mains d'un de mes subordonnés, je...

— C'est bizarre, avec votre Purdey et vos cartouches chargées outre mesure, vous n'avez encore tué qu'un lièvre...

— C'est vrai, je n'y comprends rien...

— Je vais vous dire, moi; ces fusils-là, ça ne tue que de loin; ne tirez pas si près.

— Mais j'ai la vue basse.

— Ah! vous m'en direz tant!...

— Ça vous amuse, vous, de tirer des cailles?

— Non, mais enfin cela vaut encore mieux que rien.

— Vous rappelez-vous notre ouverture de l'année dernière? Moi, j'ai tué seize perdreaux.

— Non, je n'étais pas ici l'an dernier, j'étais aux Prés-Fleuris.

— C'est vrai. (*Finement.*) Vous y chassiez plusieurs gibiers. Est-ce qu'on s'amuse aux Prés-Fleuris?

— Assez; seulement il y a trop de femmes et pas assez de gibier.

— Le fait est qu'on devrait bien choisir entre les femmes et la chasse; les deux réunis, c'est trop fatigant...

— Ah! ça m'assomme, il y a une heure que je

n'ai tiré un coup de fusil. (*Il s'arrête, désarme son fusil et tire son porte-cigare.*) Voulez-vous?

— Sont-ils forts?

— Non, très innocents.

— Quelle heure est-il donc? Je ne serais pas fâché de rentrer. Je suis moulu. Fichtre! vous me disiez que ce cigare n'était pas fort!

— Il n'est pas fort, mais probablement vous l'êtes encore moins que lui...

SIX HEURES ET DEMIE — RETOUR ET TOILETTE POUR LE DINER

Ces dames paraissent sur le perron. Cela agace profondément ceux des chasseurs qui tiennent à leurs avantages physiques; quand on a marché pendant six heures dans les labourés, la démarche s'en ressent légèrement; on lève le genou et on traîne les pieds : c'est peu gracieux. Et puis avec un col fripé, les cheveux collés et couverts de poussière, et parfois même un soupçon de coup de soleil, on n'est pas joli, joli; et bien des illusions se sont envolées, bien des... accidents ont été évités, bien des romans ébauchés sont restés au premier chapitre, parce qu'une femme a rencontré dans l'escalier un monsieur retour de chasse (avant les ablutions). Ici s'affirme la supériorité du chien sur l'homme. Le chien est superbe dans sa fatigue; le flanc est un peu relevé, mais le nez est frais et l'œil brillant; la marche est lassée, mais il suffirait au toutou le plus éreinté de flairer un perdreau pour se redresser plus gaillard et plus dispos que jamais. Eh bien! la vue de ces dames produit sur ces messieurs un effet diamétralement opposé; c'est fâcheux à constater, mais c'est ainsi.

En dépit des tristes hôtes qui le peuplent, le corridor reprend un peu d'animation; les portes s'ouvrent, on s'appelle, on entend des exclamations d'impatience et même quelques jurons. On a vu toutes ces dames en bas, on se contient, mais médiocrement.

Le petit jeune homme élégant qui a chassé avec des bottes vernies au pinceau (non pas des bottines, de vraies bottes; il a vu en Écosse des Anglais très chics qui faisaient ainsi) ne peut pas les retirer; son pied est gonflé, et il n'y a pas moyen. Le valet de chambre est à bout de forces.

— Tirez donc plus fort.

— Mais je ne peux pas, monsieur le vicomte, et puis monsieur le vicomte ne se raidit pas assez.

— Je fais tout ce que je peux!

— Moi aussi, monsieur le vicomte. Ce qu'il y aurait de mieux, ce serait de leur faire une toilette et de les conserver; personne n'y verrait rien...

— Mais je souffre atrocement.

— Je le pense bien, monsieur le vicomte, je connais ça, ça va au cœur.

Enfin on est prêt; tous les chasseurs frais (en apparence), poudrederisés, moutonnés, etc., descendent au salon.

HUIT HEURES — LE DINER

Peu bruyant au début. Ces messieurs mangent, boivent, mais surtout se reposent avec délices. Les petites de Rirfray, qui remarquent cette disposition à l'engourdissement, deviennent absolument harcelantes ; elles savent qu'on les invite pour mettre de l'entrain, et tiennent à remplir consciencieusement leur mission.

Peu à peu leur gaieté triomphe de l'assoupissement; on se décide à causer. Conversation générale et petits apartés.

— Vous êtes tellement jolie, ce soir, que c'est à ressusciter un mort.

— Ne dites donc pas de ces bêtes de phrases toutes faites... D'ailleurs, si c'était vrai, ce serait tant mieux pour vous, car vous ne me faites pas l'effet de valoir beaucoup mieux que si vous l'étiez.

— Quoi ?

— Mort. Vous avez l'air... épuisé, mon pauvre ami.

La seconde des petites de Rirfray, *au petit jeune homme aux bottes.* — Qu'est-ce que vous avez donc à trépigner comme ça sous la table, monsieur?

— Rien, rien absolument, mademoiselle

— Ah!...

— Vous savez qu'il est mauvais, votre chien; on vous a volé vos trente louis, mon cher.

— Comment voulez-vous qu'on sache, dans des conditions pareilles, si un chien est bon ou mauvais? Je n'ai rien tué.

— Vraiment! C'est donc ça; je me disais aussi...

— Ma chaussette a fait un pli derrière le talon, ça m'a donné une ampoule; c'est insupportable, parce que, quand cela m'arrive à l'ouverture, je continue à marcher, je force, et alors...

— L'avez-vous percée, votre ampoule?

— Oui, tout à l'heure, je l'ai piquée avec une épingle à cravate...

— C'est pas comme ça. On y passe une aiguille enfilée d'une soie et on la laisse dedans.

— L'aiguille?

— Eh non! la soie! Ça empêche le trou de se refermer et l'eau sort mieux. (*Têtes des voisines.*)

— Alors, vous ne voulez décidément pas m'aimer?

— Décidément non.

— Eh bien, vous avez grand tort, j'ai du bon.

— C'est possible, mais ça ne suffit pas...

CHEZ LES CHIENS

— Ah! ça va mieux.

— C'est moi, mes enfants, qui ai fait une bonne journée. J'ai sauté ce matin sur le lit d'une belle dame toute blanche, toute rose! ah! si vous aviez vu ça! Elle a d'abord eu peur, puis elle m'a caressé... Et mon maître qui piétinait à la porte pendant ce temps-là... et il m'appelait... Ah bien, ouiche!

— Tu as de la chance, toi, d'avoir un maître qui te fait venir dans sa chambre.

— Si on n'avait pas ça pour se consoler du reste... Fini, la chasse, mes enfants!

A LA CUISINE

— Y sont pas encore trop rats, y n'ont tué que 22 pièces et y m'ont donné 10 louis.

— C'est ces dames qui doivent s'embêter comme ça toutes seules toute la journée!

— Ah! mais que non, qu'elles s'embêtent pas;

elles taillent des bavettes, j'les ai écoutées presque
tout le temps, et elles en disent d'un raide!!!

MINUIT — DANS LA CHAMBRE
DU PETIT JEUNE HOMME

— Tirez ferme, Baptiste. Houp!! Oh!

— Pas moyen, le pied de monsieur le vicomte est
tout gonflé, encore plus que tantôt. Monsieur le
vicomte a eu tort de valser...

— Est-ce que je pouvais faire autrement? Ah!
Dieu! ce n'était pas pour mon plaisir.

— Que monsieur le vicomte se raidisse.

— Je ne peux pas; il faut les couper!

— Oh!! couper des bottes qui vont si bien! Monsieur le vicomte fera bien mieux de les garder; demain matin les pieds seront désenflés et elles sortiront toutes seules.

CE QUE COUTE UN ÉQUIPAGE

Il est bon nombre de gens à qui l'organisation d'un équipage semble chose toute simple, qui croient que lorsqu'on s'est procuré QUATRE PIQUEUX, DEUX VALETS DE CHIENS, SOIXANTE CHIENS et SIX CHEVAUX, tout est dit, et qu'il n'y a plus qu'à laisser courre. Ceux-là sont des barbares; ils ne soupçonnent pas les fatigues, les recherches, les ennuis, les complications et les déboires qui accidentent le plus souvent l'existence d'un bon maître d'équipage.

D'abord, et avant tout, il est absolument nécessaire de se procurer un VIEUX PIQUEUX. Le VIEUX PIQUEUX est le complément obligé de tout équipage qui se respecte. Il faut qu'il soit sec, solide, bien campé et encore vert; qu'il ait les cheveux gris (s'ils sont blancs, c'est le dernier mot du genre), qu'il monte bien à cheval, connaisse à fond la chasse et sonne de la trompe convenablement. Le VIEUX PIQUEUX qui possède ces multiples avantages exige un traitement exorbitant : donc 6,000 fr. pour le VIEUX PIQUEUX. Les appointements d'un sous-préfet ou d'un lieutenant-colonel ; c'est raide ! mais il orne tant !

Le DEUXIÈME PIQUEUX doit connaître la chasse, sonner de la trompe, et monter à cheval aussi bien que le premier ; autant que possible il sera fort et bien bâti, tout en pesant un très petit poids pour ne pas crever les chevaux. Appointements, 1,500 fr.

LES PIQUEUX EN SOUS-ORDRE. — De braves gens légers, et pas trop jolis garçons. On n'imagine pas le tracas causé par les jolis piqueux. Ils mettent le trouble dans le village, et décampent continuellement pour ne rentrer qu'éreintés et incapables d'aucun service. Appointements, 800 fr. : donc... .... 1,600 fr.

SOIXANTE CHIENS VENDÉENS, à 1000 fr. la paire.. .... 30,000 fr.

SIX CHEVAUX, à 2,500 fr. l'un dans l'autre..... .... 15,000 fr.

Pour le vieux piqueux, UN CHEVAL IRLANDAIS d'un beau modèle...................... 4,000 fr.

DEUX VALETS DE CHIENS : agiles, lestes, soigneux,

pas poltrons, mais néanmoins bons et doux avec les chiens, à 300 fr.................. 600 fr.

Livrée verte à galon tissé aux armes; gilet de peluche jaune galonné d'argent. Cape de velours. Deux livrées à chaque homme, afin d'en avoir toujours une fraîche pour les grandes occasions. La livrée à 280 fr., donc...... 2,240 fr.

Quatre petites livrées à 150 fr... 600 fr.
Construction du chenil .... 20,000 fr.
Écuries pour les chevaux d'invités. 20,000 fr.
Une femme pour la soupe des chiens. 300 fr.
L'organisation primitive nécessite donc une mise de fonds de................. 101,840 fr.

On peut y ajouter une vingtaine de mille francs pour les faux frais, accidents et dégâts : hommes blessés, chevaux boiteux, chiens décousus. Le médecin et le vétérinaire ne bougent plus du château tant que dure la saison des chasses. Il y a aussi : les terres abîmées par le passage de la chasse; les clôtures brisées, ou soi-disant; les criailleries sans fin des paysans, etc.!...

Tout cela pour être agréable à qui ???

Pas au maitre d'équipage à coup sûr. Ça l'amuserait beaucoup de chasser chez les autres, où il n'aurait à s'occuper de rien; mais ici, la peine et le tourment dépassent le plaisir qu'il peut trouver à diriger l'équipage. A la fin de la saison, il est sur les dents et ne chasse même plus de bon cœur; mais dans sa situation, il ne peut se dispenser d'avoir un équipage.

Pas non plus à SA FEMME qui, à cheval, a l'air d'un paquet et ne voudrait suivre la chasse qu'en voiture.

Ni à MONSIEUR DURAVIN, qui s'est cassé le bras à la première chasse et la jambe à la dernière, ce qui fait qu'entre ses deux accidents, il a chassé une dizaine de fois.

Ni au PRÉFET qu'on n'a pas invité.

Ni à ce PAUVRE DE PRÉDESTINEY, qui a découvert au détour d'un sentier que sa femme le trompe... complètement avec Saint-Cynnatus.

Ni au PETIT DE LASTYNG, qui a chassé toute la saison avec des bottes qui lui font mal, madame de Vyelgarde lui ayant dit qu'un joli pied est ce qu'elle apprécie surtout chez un homme.

Ni au PRINCE DE CALABRE, qui a couronné, à un passage de route, un cheval de mille louis.

Ni à MADAME DE PORFYR, qui chasse pour faire comme tout le monde, mais qui sait fort bien que la pluie, le vent, le soleil et le froid nuisent infiniment à sa beauté un peu travaillée.

Ni au DUC DE GRENELLE, qui souffre affreusement des reins, mais n'ose pas abandonner la chasse, parce qu'il craint que ce premier renoncement soit un acheminement vers tous les autres.

Ni au COLONEL DE COURTEVU, qui écrase un cheval à chaque chasse et sera, pour ce, rayé du tableau d'avancement. Si on pouvait se dispenser de suivre ces maudites chasses ! mais voilà, c'est que le chef de corps recommande vivement à l'armée de ne pas rester en arrière du mouvement ! et alors...

Ni aux OFFICIERS CHICS, qui sont forcés de suivre, sur leur cheval d'arme, ceux qui ont un cheval à eux étant notés comme faisant « du genre » par le colonel.

Ni aux OFFICIERS PAS CHICS, qui suivent péniblement, en pilant du poivre et en roulant à tous les obstacles, ou même sans cela. Mais ils craignent d'être notés comme n'aimant pas le cheval, et ils viennent tout de même.

Ni à GILBERTE, qui voudrait bien être derrière les chiens pour accompagner Jacques ; mais cela fatigue maman qui commence à grossir, et il faut se résigner à rester à la queue de la chasse.

Ni à M. DE RAMOLLY, qui ne veut pas quitter sa femme à laquelle on a ordonné de monter à cheval. Il sent bien que chaque chasse hâte sa fin : mais quitter Caroline ? Jamais !

Ni à MADAME DE RAMOLLY, qui s'est fait ordonner de monter à cheval, espérant être, pendant ce temps-là, débarrassée de son mari. Ah ! si elle avait su !

Ni au BANQUIER GODDAMM, qui chasse pour montrer qu'il a des chevaux, et que ses chevaux sont plus beaux que ceux des autres. Aime qu'on lui demande le prix des chevaux en question. Finira par le dire, même si on ne lui demande pas.

Ni à MADAME GODDAMM, qui a peur et se rend bien compte que si elle a les plus beaux chevaux du lot, elle n'attrapera jamais la désinvolture de celles qui sont nées « là-dedans » !

Ni aux ENFANTS, auxquels on ne permet pas de suivre à cheval, de crainte des accidents.

Ni aux PAUVRES CHEVAUX. Quand on boite ou qu'on est blessé par la selle, il faut aller quand même.

Ni aux CHIENS, qui, tout en faisant bravement leur devoir lorsqu'ils sont en face du danger, préféreraient infiniment éviter les coups de boutoir ou d'andouiller.

Donc, le maître d'équipage se donne un effroyable tracas et dépense cent-vingt-cinq mille francs pour n'amuser PERSONNE !

SI: LES PIQUEUX ! !

LE JOUR DU GRAND PRIX

UNE HEURE — DANS LES CHAMPS-ÉLYSÉES

Une dame et un monsieur, dans un landau superbe. Lui, gros, court, commun, l'air agacé ; elle, ravissante.

La dame. — Les Champs-Élysées sont déserts C'est absolument ridicule de partir à cette heure-ci ; il n'y a que nous !... Je n'ai pas eu le temps d'achever de m'habiller...

Le monsieur. — Je tiens à arriver de bonne heure.

La dame. — Mais pour quoi faire, bon Dieu ?... il ne va y avoir là-bas que les marchands de lorgnettes, les bookmakers et nous...

Le monsieur. — C'est précisément ce que je désire, je veux des renseignements ; je tiens aussi à vous choisir une bonne place dans la tribune.

La dame. — Mais pas du tout. Je préfère être dehors, aux chaises...

Le monsieur. — Moi, je veux que vous soyez dedans ; je ne me soucie pas, s'il pleut, que votre toilette soit perdue, comme celle de l'an dernier.

Deux jeunes gens, dans une carriole vernie, attelée d'un poney.

— Nous allons nous arrêter à l'entrée de l'avenue, et là nous verrons passer tout le monde.

— Moi, j'aimerais mieux aller tout de suite au Bois ; je voudrais voir un Anglais qui m'a promis quelques renseignements.

— Qu'est-ce que cet Anglais ?...

— C'est un homme qui est l'ami d'un *lad* de l'écurie Lefèvre, et je...

— Toi, tu vas encore boire un bouillon soigné, aujourd'hui !

DEUX HEURES — AVENUE DE L'IMPÉRATRICE

Les voitures se suivent, c'est presque une file. Peu de très beaux équipages, beaucoup de voitures « tire l'œil » Énormément de fiacres, nombreux piétons.

DEUX HEURES ET DEMIE — AU PESAGE

Tribune de droite. — Un groupe assis ; trois femmes très élégantes, dont deux jolies. Quatre hommes élégants et laids.

— Moi, d'abord, je ne regarde que la course du

Grand Prix. Vous comprenez, je ne veux pas me fatiguer avant...

— Je vous cherchais là-bas, vous n'êtes pas à votre place habituelle ?...

— Non, elle était prise. Oh ! du reste, quelquefois nous nous mettons aussi de ce côté !...

— Jamais !... Il y a vingt ans que je vous vois à l'autre bout...

— Oh ! vingt ans ! il n'y a pas ce temps-là que je vais aux courses.

— C'est vrai, chère madame ; c'est une manière de parler, pour dire qu'il y a longtemps...

— Ça vous amuse, vous, les courses ?

— Non.

— Alors, pourquoi y venez-vous ?

— Pour y rencontrer du monde, voir des toilettes et montrer les miennes, jacasser, regarder, écouter ; mais les chevaux me sont bien indifférents.

— Moi, je viens pour les chevaux !...

— Ça, duchesse, ça n'est pas à moi qu'il faut le raconter...

— Comment ! vous ne me croyez pas ?

— Pas du tout. Mais vous pouvez le placer à d'autres, qui le croiront.

— C'est triste, cette tribune impériale toujours vide...

— Oh! « impériale ». Vous retardez!

— Officielle, si vous voulez! Enfin, c'est triste tout de même.

— Pourquoi le... gouvernement ne vient-il pas aux courses?...

— Parce que « le bourgeois » a horreur du cheval...

— Qui, du reste, le lui rend bien, et le lui témoigne chaque fois qu'il peut...

— Dites donc? ça me le ferait presque aimer...

— Qui ça?

— Le cheval!

— Ah! bon! A la bonne heure! Je croyais que c'était le gouvernement.

— Ah! si vous devenez malhonnête à présent...

— Elle est jolie la marquise...

— Oui, mais elle est méchante...

— Oh! croyez-vous! elle aime beaucoup ses amis; ainsi, l'hiver dernier, quand on croyait que Jane allait mourir de la petite vérole, elle était au désespoir...

— Possible! parce que c'était dans sa rue; ça l'impressionnait; mais si elle avait été marquée, ça lui aurait fait un rude plaisir, allez!...

— Voilà les chevaux qui arrivent...

— Si vous saviez comme ça m'est égal!...

— Voilà le... gouvernement qui paraît...

— Ah ! voyons ça ? (*Tout le monde regarde.*)

TROIS HEURES — DANS LES TRIBUNES

Tribune de gauche. — Un groupe hésitant cherche une place favorable pour s'asseoir. Une fort belle personne brune en toilette toute noire. Bouquet de grenades à l'épaule et au chapeau.
Deux messieurs l'accompagnent. L'un pâle, le nez busqué, l'air malsain; l'autre, très joli garçon, le plus soigné de tous les députés... colorés.
La dame parle très haut et s'agite beaucoup.

— Vous seriez très bien ici, je vous assure...

— Non, il y a trop de monde...

— Pourquoi donc craignez-vous le monde ?...

— Je ne le crains pas, je le déteste... Je regrette d'être venue ici...

— Pourquoi ? il faut voir le Grand Prix... Tenez, voici une petite place délicieuse, à l'abri...

— Quelles sont donc ces femmes qui sont là... à gauche ?... cher monsieur, vous qui connaissez tout le monde...

— Mais non, je ne connais pas tout le monde...

— Tiens ! le général ! appelez-le donc ? Il passe sans nous voir.

— Je crois, au contraire, qu'il nous a très bien vus, mais...

— Mais?...

— Mais ici, il laisse de côté la politique; il vient pour s'amuser.

— Merci! Comment! vous aussi, vous trouvez notre monde moins amusant que l'autre?

— Je ne connais pas l'autre, mais je le crois plus gai...

— Vous pensez que les fêtes de la princesse sont plus belles que les miennes?

— Oui!

— Et qu'on s'y amuse davantage?

— Oui! dans notre monde, toutes les femmes ont la rage de poser pour la vertu... Je ne dis pas cela pour vous, madame; vous comprenez que dans ces conditions-là, les réunions manquent de charme, sans compter que l'intimité n'y gagne rien...

— Ah çà, vous tournez à droite?...

— Rassurez-vous, mes moyens ne me le permettent pas, sans ça...

— Moi, je trouve toutes ces femmes très ordinaires : de plus, on les dit ignorantes...

— Oh! vous savez, moi, la science, ça m'est égal... surtout pour les femmes, et pour les hommes aussi, du reste!... (*Au pâle qui ne parle pas.*) N'est-ce pas aussi votre avis?

— Sans doute, le monde, la liberté, la France, l'indépendance dans les idées, le désintéressement sont de belles choses, mais la femme prime tout; la femme « nature », belle, grande et blonde, blonde surtout! ne sachant ni lire, ni écrire, mais sachant... tout le reste; et pourquoi la faut-il ignorante? pour qu'elle s'ignore, parce que si elle s'ignore...

— Regardez, regardez, voici les chevaux...

— Ah! laissez-nous donc causer!...

TROIS HEURES ET DEMIE

L'animation augmente, on parle plus haut, on se promène, on va examiner les chevaux, on court au champignon des paris; les mots aigres-doux s'échangent entre les gens les plus corrects d'habitude; tout le monde est irritable et énervé.

Tribune du Jockey : Grincheux.

— C'est assommant, c'est une halle, ce pesage!

— Il y a six fois autant de monde qu'il en peut tenir pour qu'on y soit à l'aise.

— Qu'est-ce que ça vous fait, puisque vous ne circulez pas?

— Je ne circule pas, mais si je voulais circuler?...

— Si nous choisissions un bon coin? nous nous installerions et nous n'en bougerions plus jusqu'à la course...

— Ça serait prudent, si nous voulons voir quelque chose; tout à l'heure, on va se précipiter...

— Il faut monter...

— Venez-vous?...

— Moi, non, c'est inutile, je ne regarde jamais...

— Venez tout de même, ça en empêchera un autre de se placer...

Tous grimpent en haut de la tribune.

— Nous avons trois quarts d'heure à attendre, vous savez!...

— Moi, ça m'est bien égal qu'on coure ou qu'on ne coure pas, je m'embête tout le temps!

— Tiens voilà X... qui cherche à se caser... voyez-vous son chapeau gris?...

— Oui, oui...

— On dit qu'il se marie!...

— Pauvre femme!!!

— Vous savez, pour la comtesse... on dit que ce n'était pas du tout lui...

— Ne parlez pas si haut... le père est derrière nous...

Tout le monde baisse la voix.

— Je ne sais pas qui c'était, mais je sais bien qu'à sa place je n'aurais pas...

— Il est joli garçon!

— Ça, c'est vrai, mais c'est tout!

— C'est quelque chose...

— Vous disiez que c'était pas lui, qui donc, alors?...

— Ah! voilà! les uns disent un souverain en disponibilité...

— Bah!

— Précisément...

LE PÈRE, *se rapprochant.* — Mais pas du tout, c'était *nous!* (Stupeur générale.)

— Ah!!!

— Je vous demande pardon...

— Je ne croyais pas...

— Vraiment je suis...

Etc., etc., etc.

— Nous avons bien fait de grimper là! Voilà Z... qui cherche au à entrer et qui ne peut pas...

— Le fait est que c'est bondé...

— Est-ce qu'il est venu dans son mail?...

— Qui ça?...

— Z....

— Son mail! Vous y croyez aussi! Ah! elle est bonne celle-là.

— Comment! il n'en a pas?

— Il en « a eu » un il y a sept ans, pendant un printemps: depuis, il vit là-dessus et chaque fois qu'il y a un concours d'attelages, réunion particulière à la Marche, ou n'importe quoi... il se présente pour l'attelage à quatre et tire son numéro comme les autres... Alors les journaux indiquant l'ordre du départ, disent « 4°, ou 5°, le mail de M. Z... » Au dernier moment, un des chevaux de volée est boiteux, ou le harnais a quelque chose, enfin il ne paraît pas, mais il reste « titulaire » d'un mail...

— Tiens! il y a une idée à creuser là dedans! En appliquant cela à beaucoup de choses...

— Grâce! arrêtez-vous, ne développez pas l'idée...

Tribune du Jockey : Spécialistes.

— Est-ce que vous venez du pesage?

— Oui.

— Est-ce que « Pâtre » est là? Je voudrais savoir s'il fera le jeu, et je n'ose pas lâcher ma place.

— Comment! sérieusement, vous croyez à « Albion », vous?

— Mais oui!

— Moi, j'ai « Scobell ». Je l'ai pris à 4...

— A combien « Albion » dans ce moment?

— 2/1, toujours.

— Et « Royaumont »?

— A 10/1.

— Mon avis est qu'il n'y a rien à faire sur la course.

— Est-ce vrai que « Léon » est broken down?

— On le dit.

— Depuis quand?

— En prenant son dernier galop!

— Moi, je ne fais rien ; je me suis juré de ne plus parier sur le Grand Prix, je n'ai jamais pu toucher un gagnant...

Et ainsi de suite pendant une heure.

QUATRE HEURES

Au buffet. — *Un amour de petite femme. Une amie. Plusieurs de la haute crème les accompagnent.*

— Qu'est-ce que vous voulez prendre?

— Un verre de bordeaux?

— Un verre de champagne?

— Oh! il est si mauvais ici!

— Je voudrais un verre d'eau glacée, si c'est possible.

Tous se précipitent.

L'amie. — Moi aussi. (*Personne ne bouge.*)

L'amour de petite femme. — Voyons, je voudrais bien parier aussi un peu.

Tous. — Quel cheval voulez-vous?

— Je voudrais un cheval qui fût à beaucoup contre 1.

— Ah !

— Est-ce que ça n'existe pas ?

— Si, mais vous n'aurez aucune chance ?...

— Ça ne fait rien, cherchez-moi ça !...

Elle prend le bras du plus joli des gommeux et s'éloigne avec lui.

— Je ne veux pas parier du tout, mais seulement me débarrasser d'eux, ils sont assommants !!!

— Mon Dieu ! ça dépend !

TRIBUNE DE DROITE. — Un groupe très gai. Les femmes assises au dernier banc de la tribune, les hommes debout en dehors, appuyés contre la balustrade. On cause, on rit, on écrit des noms sur des petits papiers qu'on met dans un chapeau.

— Il y a vraiment trop de monde... C'est une vraie bousculade !...

— Moi, ça m'est égal, je ne bouge pas !

— Vous ne trouvez pas assommant ce bourdonnement de gens qui parlent tous de la même chose ? Albion, Tristan, Pâtre, Scobell ?

— Non, j'aime mieux ça que d'entendre parler de Sarah Bernhardt, ou de M. Gambetta; ça me change un peu.

— Vous êtes toujours contente de tout.

— C'est pas comme vous, alors !

— Ne le taquinez pas; il a eu une déveine énorme

cette nuit et il vient d'apprendre qu'il a pris un cheval sur lequel il y a un tuyau...

— Qu'est-ce que c'est que ça ?

— Un... arrangement que fait le propriétaire, sans se préoccuper... des parieurs...

— Un arrangement honnête?

— Bah! sans doute! Le vol n'est le « vol » que parce qu'il est l'exception ; le jour où tout le monde le pratique, il cesse d'exister...

— Allons, le voilà qui divague à présent...

— Si encore je pouvais le replacer à quelqu'un!...

— Qui ça?...

— Mon rossard. Allons, je vais essayer.

— Bonne chance.

— Avez-vous fini d'écrire les numéros pour la poule?

— Oui.

— Eh bien! tirons-les!

Chacun prend un petit papier et tout le monde grogne, même ceux qui ont tiré les favoris.

— Tiens! voilà Y... Il est de retour? Dieu! est-il laid !

-- C'est vrai!

— C'est désolant d'être si laid que ça !

— C'est surtout gênant, parce qu'on est obligé de se faire homme d'esprit, et c'est très fatigant. On ne s'imagine pas combien c'est fatigant.

— En parlez-vous par expérience?

— Oh! vous êtes méchante. Ah! voilà Jacques qui revient; eh bien! as-tu placé ton cheval?

— Oui! Hein! c'est une veine? je l'ai collé à cet imbécile de X... qui est enchanté.

— Allons, tant mieux!

— Moi, je n'aime pas du tout ces balayeuses de couleur, on n'a pas l'air d'avoir de jupons!

— C'est vrai, mais, en nuances vives, cela réveille... Il faudrait mettre deux rangs de mousseline et de valenciennes en dessous, et ça serait très joli.

— Et ces cœurs dessinés en couleur tranchée dans le dos, trouvez-vous cela joli?

— Oui, comme forme; si c'était la peau, ça me plairait, mais en étoffe, c'est lourd.

— Oh! la peau! ce serait bien bas!

— Moi, je vote pour la peau!

— Ce qu'il y a de charmant, c'est que chacun s'habille à son goût; il n'y a plus de mode, les grasses et les maigres peuvent ainsi être également bien.

— Malheureusement, les grasses mettent toujours ce qui va aux maigres, et réciproquement.

— C'est un peu vrai.

— Voilà les chevaux qui passent.

— Ce n'est pas la peine de nous déranger, vous

nous préviendrez seulement quand ce sera le Grand Prix.

— Mais c'est précisément lui.

— Ah! bon, très bien, alors.

Sur la pelouse.

Deux voyous de quinze à dix-huit ans.

— Comment qu't'es venu?

— A pattes donc. Est-ce que môsieu est venu dans la voiture du président?

— Non, mais j'm'ai amené en voiture tout de même, derrière des bourgeois.

— L'larbin t'a pas fichu des coups de fouet?

— Y m'a pas vu! J'suis sauté avant l'tournant pour qu'ma livrée choque pas l'sergo.

— T'as des renseignements?

— Un peu! Y avait dans la roulante une belle dame qui jaspinait tout le temps sur les rosses avec un vieux.

— Et alorss?

— Elle a dit, non c'est l'vieux qu'a dit : « On compte sur la course de « Royaumont ». Et la dame a répondu : « Tant mieux, j'aime à voir gagner un des seuls qui courent droit! »

— Eh bien! qu'ça veut dire?

— Parbleu! qu'c'est un cheval qui file pas dans les cordes comme y en a.

— Combien de ronds qu't'as?

— Trois, et toi?

— Deux! allons-y!

— J'aime ça, moi, l'beau monde! R'garde dans la roulante, contre nous, c'te rouge, embaume-t-elle assez, hein?

— Ça, c'est une cocotte!

— Faut à môsieu des femmes du monde! Oh! la la!

Au pesage. — Deux vieux de l'ancienne gomme se promènent mélancoliquement; chapeaux de forme antique, redingotes ajustées, cravates volumineuses, cols droits arrondis, pantalons clairs serrés du mollet, gants gris-perle, bottines vernies, monocles à monture d'écaille. L'un est plus blond, l'autre plus brun qu'il y a quinze ans.

— Positivement ce n'est plus ça! tout change. Vous souvenez-vous des anciens chevaux? Je me rappellerai toujours la course de « The Ranger »!

— Eh bien! et les femmes donc! vous souvenez-vous de Cora, cette année-là?

— Il est de fait qu'elle était plus fraîche que maintenant!

— Par exemple, ce que j'aime aujourd'hui, ce sont ces modes collantes! Une femme ne cache plus rien, les formes se dessinent avec une vérité saisissante...

— Oh! vérité!... si on veut... j'aimais autant les anciennes modes; je me souviens de l'Impératrice dans une ravissante toilette, en dentelle et en taffetas bleu changeant; c'était ici... à la dernière réunion avant le Grand Prix... en 69, je crois...

— Que c'est loin, tout ça!

— Y a-t-il du monde dans la tribune officielle?

— Jamais je ne regarde de ce côté-là.

— Moi, non plus.

— La race masculine n'embellit pas, regardez tous ces misérables petits jeunes gens!

— Ça fait peine à voir.

— Cette façon de relever le pantalon en cerceau autour de la cheville, pour éviter la pluie ou la poussière, est grotesque.

— Que voulez-vous! ils nous semblent ridicules, ces petits, et eux, de leur côté, se moquent probablement de nous.

— Probablement.

M. JACK et M. FRED. — Onze et douze ans Vestes anglaises, grands cols, gants peau de chien.

— As-tu parié, toi?
— Oui, j'ai « Scobell ».

— Moi, « Albion », je ne parie pas pour les Anglais.

— A quelle cote as-tu « Albion » ?

— A 5/1 ! C'est papa qui me l'a pris, il y a plusieurs jours.

— Moi, j'ai payé pour avoir « Scobell ».

— Moi, je ne paye jamais pour prendre un cheval ; à égalité ça va encore, mais payer, jamais, c'est un principe !

— C'est comme moi, jamais je ne tire à cinq, et toi ?

— Je ne joue pas aux cartes, je ne joue que sur les chevaux !

CINQ HEURES ET DEMIE — LA SORTIE

Tout le monde attend les voitures. On s'assoit en demi-cercle autour de la porte du pesage. De petits groupes se forment. Chacun apporte une chaise. On s'installe, on sait qu'il y en a pour longtemps. C'est un moment plein d'animation ; on s'interroge sur le résultat des paris ; on se dit au revoir ou adieu ; beaucoup partent le lendemain. On papote gentiment, amicalement ; il règne une certaine familiarité.

Groupe de droite.

— Eh bien, êtes-vous content ?

— Furieux ! Vous savez, le cheval que j'avais...

— Non, je ne sais pas...

— Mais si! celui que j'ai rendu...

— Ah! oui, je me souviens.

— Eh bien, c'était le gagnant!

— Oh!

— Pas de veine!

— Il va vous arriver des choses très désagréables!

— Pourquoi ça?

— Dame! une pareille déveine! A votre place, moi, j'irais consulter une somnambule...

— Tiens! madame ***!

— Où donc? où donc?

— Là, devant vous, en noir...

— Ah! je la vois! Est-il vrai que la *Sapho* qui est au Salon soit son portrait?

— On le dit... Moi, vous comprenez, je ne la connais pas assez pour...

— C'est bon, c'est bon!

— Qui donc monte en voiture derrière elle?

— Je crois que c'est Coquelin...

— Mais non, mais non, c'est Rochefort!...

— Ne faites donc pas toujours des bêtes de plaisanteries, ce ne peut être que le président... de la Chambre.

— Vous n'êtes bon à rien, vous ne pouviez pas voir qui c'était, pour nous amuser!...

— Dame ! A moins d'aller leur offrir des petits bouquets à la portière... je ne vois pas trop comment...

— Ah ! tout vous est difficile...

— Allons, ne soyez pas grincheuses comme ça, la voiture va arriver, ne vous impatientez pas contre ma pauvre et chétive personne, soyez clémentes...

Groupe de gauche.

— Quelle journée !

— Quelle guigne ! hein ?

— Pour une déveine soignée, c'en est une, ou je ne m'y connais pas.

— Oh ! vous devez vous y connaître.

— Quel est donc le monsieur qui monte dans la voiture de madame de X... ?

— C'est celui qu'elle mariera à l'automne.

— Comment?

— Eh, oui ! Vous n'avez pas remarqué que tous es ans elle... emploie un monsieur pendant une saison et qu'elle le marie ensuite?

— Bien ?...

— Euh ! euh ! pas toujours...

— Elle est horrible !

— Oui, mais elle a une si jolie voiture !

— Et puis, on dit qu'elle a des... séductions cachées...

— Tant mieux pour elle!

— Tant mieux pour « eux » surtout!

— Il me semble que les autres étaient plus jeunes.

— Oh! celui-là n'est pas vieux, il est seulement laid.

Le mail de Z...

— Vous attendez votre voiture?

— Mais oui!

— Est-ce votre mail?

— Eh! non! un des chevaux de volée est sur la paille, je n'ai pas pu l'atteler...

A la porte.

— Est-ce que tu es seul, Fred?

— Maman est assise là-bas et papa est parti voir si la voiture existe encore...

— Qu'est-ce que tu fais là contre la porte?...

— Moi je regarde les jambes quand on monte en voiture, ça m'amuse beaucoup.

— Ah! je vais rester avec toi, ça m'amusera peut-être aussi.

En dehors contre la grille.

Les deux voyous de la pelouse.

— R'garde donc c'te femme pâle ! oh ! la !a ! la belle voiture !

— Et qué larbins ! Malheur !

— C'est-y une cocotte, qu'tu crois ?

— J'crois pas ! y`a un môsieu !

— Naïf ! ! !

— Et puis elle est si laide, qu'c'est pas possible qu'elle ait trouvé des gogos pour y payer tout ça.

— T'as raison. C'est une dame de la haute ! ! !

— Offres-y tes bouquets ! ! !

— Y sont cuits d'puis l'temps !

— Ça n'fait rien, vas-y toujours !

Courant contre la portière, d'une voix pleurarde :

— Mon bon monsieur, une botte de roses bien fraîches, offrez à madame, ça vous portera bonheur ; j'vous en prie, me refusez pas ça.

Le monsieur le repousse.

Changeant brusquement de ton ; grossièrement :

— Merci, vieux !

A la descente des Champs-Élysées.

Les deux jeunes gens dans la petite carriole.

— Eh bien, tes renseignements?
— Ah! ne m'en parle pas!
— Pourquoi? l'ami du lad...?
— Il m'a baragouiné un tas de choses que j'ai mal comprises. Avec ce diable de jargon, on n'entend pas un mot, sans compter qu'il était soûl comme une grive...
— Alors?
— Une culotte... et complète!...
— Et qui est-ce qui va payer la voiture?
— Pas moi toujours!

Sur les chaises : Club aes panés.

— Quelles belles voitures!
— Vous trouvez?
— Vous ne trouvez pas, vous?
— Quand on pense qu'il y a la moitié de ces gens-là qui ne savent pas comment ils dîneront ce soir...
— Oh! oh!
— Et qui n'ont peut-être pas déjeuné ce matin!...

— Je crois que vous exagérez un peu...
— Pas le moins du monde, ma chère amie, etc.
Et comme ça tant qu'il passe des voitures.

Deux gardiens de la paix.

— Misère ! j'y vois plus clair !
— C'est pas fini, y a encore Mabille! pour se reposer ce soir!

CHEVAUX ET VOITURES

A VENDRE

On annonce:

— « Nestor », cheval bai, âgé, pur-sang non tracé ; vendu sans garanties 450 francs!

Tout le monde examine « Nestor », mais en silence.

Un bon jeune homme, *à son voisin.* — D'où vient ce cheval?

— C'est un cheval que de X... a acheté pour chasser il y a un mois...

— Ah! et il ne s'en est pas arrangé?

— Probablement, puis qu'il le revend.

— Il a l'air fort, ce cheval?

— Oui, il est gros; il a une culotte étonnante pour un pur sang.

— Et les membres paraissent bons?

— Excellents.

On recrie: 400 francs...

Le bon jeune homme. — 450!...

Personne ne met. « Nestor » lui est immédiatement adjugé; il va l'examiner, le caresse, lui tâte les jambes... et est enchanté de son acquisition; puis il revient et demande à un monsieur:

— N'est-ce pas M. de X... qui est là-bas?

— Où cela?

— Là, contre la barre, il parle à •••.

— Oui, c'est lui. Pourquoi? Vous voulez lui parler?

— Je voudrais lui demander un petit renseignement sur le cheval que je viens d'acheter. (*Il se dirige vers M. de X... qui semble très gai.*) Pardon, monsieur...

De X... — Monsieur...

Le bon jeune homme, *très poli.* — Je n'ai pas l'honneur d'être connu de vous, monsieur, mais je désire vous demander un renseignement.

De X... — A vos ordres, monsieur.

— Monsieur, « Nestor », bai, âgé, pur-sang non tracé, vendu sans garantie, était à vous, n'est-ce pas?

La physionomie de M. de X... se rembrunit.

— Oui, monsieur.

Le bon jeune homme, *d'une politesse de plus en*

plus exquise. — Je viens de l'acheter, monsieur, je voudrais savoir s'il s'attelle?

De X..., *bourru.* — Ma foi, monsieur, je ne sais pas s'il s'attelle, mais tout ce que je puis vous affirmer, c'est qu'il ne se monte pas. (*Tête du bon jeune homme.*)

X..., Y..., Z... et un jockey examinent attentivement une jument de pur sang alezane.

— Elle est fichue cette bête-là...

Le jockey du propriétaire de la jument. — Que non pas, monsieur, que non pas... Elle gagnerait encore très proprement son prix à réclamer...

— Elle a le feu aux quatre jambes.

— Ça ne veut rien dire du tout, ça!

— Enfin, elle est impossible comme hack.

— Comme hack, j' vous dis pas qu' ça soye un rêve, mais pour son petit prix à réclamer, croyez-moi...

— Allons donc! il ne lui reste plus qu'une patte et encore!

— C'est vrai, monsieur, mais elle court avec son cœur!...

— . . . .

— Et puis, il y en a d'autres à vendre à l'écurie!...

— Dans ce goût-là?

— Ah! vous savez, c'est pas la crème que nous

envoyons ici... Nous avons « Cadichonne », « Casimir ».

— « Casimir »? Il me semble qu'il est en moins mauvais état... Trotte-t-il ?

— Ah ! pour ça, j' vous en réponds qu'il trotte... Seulement, de c' moment ici, il a un peu les gourmes. (*Il désigne « Casimir » dont la tête pelée est entourée d'une peau de mouton.*)

UN GOBEUR, UN DÉBINEUR.

— As-tu vu le nouveau cheval de Jacques?
— Oui, je l'ai aperçu tout à l'heure.
— Eh bien ?
— Eh bien, il m'a paru superbe.
— C'est que tu es myope.
— Je n'ai fait que l'entrevoir. Jacques descendait les Champs-Élysées très vite...
— Oh! très vite, je l'en défie bien, par exemple !
— Enfin, je lui ai fait signe, mais il ne m'a pas vu et ne s'est pas arrêté.
— S'arrêter? pas de danger qu'il s'arrête. Son cheval a les épaules froides, il n'aurait pas été fichu de repartir...
— Ah! bah!
— Sans doute: c'est pour cela que madame *** l'a vendu... Quand elle sortait d'une maison et que

le cheval avait attendu, il était impossible de le faire démarrer ; ça demandait cinq minutes, et ça l'embêtait, tu comprends...

L'HABITUÉ, UN NOUVEAU VENU.

L'HABITUÉ, *tirant violemment le nouveau venu par le bras et le faisant reculer.* — Prenez donc garde, vous avez manqué recevoir un coup de pied.

LE NOUVEAU VENU, *saisi.* — Oh! croyez-vous?... Je ne m'en suis pas aperçu...

— Parbleu! si je le crois! J'en ai senti le vent!

— Mais alors, si vous en avez senti le vent, c'est vous qui avez manqué le recevoir! Vous m'avez fait une peur...

— Oh! mon Dieu! on reçoit souvent des coups de pied qui n'ont pas de suites...

— C'est possible, mais...

— Ainsi, tenez : les coups de pied reçus de très près sont bien moins mauvais que ceux qui partent de loin...

— Comment! je ne comprends pas bien ce raisonnement...

— C'est pourtant bien simple: la détente est moins forte.

LE NOUVEAU VENU, *qui ne comprend pas un*

mot. — Ah! oui! la détente est moins forte. Ah! parfaitement.

LE VICOMTE, LE PÈRE JAPHET.

— Avez-vous vu la paire de chevaux avec quoi que je me suis amené ici, monsieur le vicomte ?... Ah! c'est pas pour dire, mais j'peux me vanter qu'y a pas plus beau à Paris.

— Il faut toujours vanter sa marchandise, père Japhet, mais...

— Oh! y ont pas un seul « mais »; j'vous en défie bien de leur trouver un « mais », monsieur le vicomte, et pourtant vous êtes un malin, vous... en fait de chevaux, s'entend.

— Merci, père Japhet, cette restriction m'honore.

— Ah! si vous voyiez comme ça m   l!... Ça vous dévore de la route faut voir ça!... et les sabots dans le nez encore!...

— Oh! pour cela, je vous crois! Au départ surtout, n'est-ce pas? Quand ils ont fait une vingtaine de tours dans la sciure de votre manège, avec dix kilos pendus à chaque genou, ils lèvent les pattes avec joie, hein?

— En voilà une blague! les poids aux genoux! Mais c'est un truc que les bourgeois ont inventé...

— Et que les marchands emploient...

— Jamais...
— Et qu'ils renient! Ingrat!
— Ma parole d'honneur, monsieur le vicomte...
— Oh! père Japhet... Autre chose!... d'ailleurs, je ne sais vraiment pas pourquoi vous me vantez tant votre paire de chevaux... Est-ce que vous désirez la glisser à un de mes amis?...
— Mais c'est à vous, monsieur le vicomte, que je voudrais voir ces chevaux-là...
— Farceur de père Japhet!... comme si vous ne saviez pas aussi bien que moi que je suis à sec!... Est-ce que vous croyez que je causerais comme ça avec vous depuis un quart d'heure si je n'avais pas une petite affaire à négocier?... Voyons, trente mille et pas de bateau de charbon... hein?

Le bel Alfred, le mari de madame X...

— Tiens! vous ici? Qu'est-ce qui vous est arrivé? On ne vous rencontre pas souvent aux ventes de cet établissement?
— Je cherche un cheval pour ma femme.
— Ah! elle va se remettre à monter?
Le mari de Madame X..., *avec un soupir*. — Oui.
— Et quel genre de cheval cherchez-vous?
— Un cheval de femme, qui la fasse valoir, sans la fiche par terre...

— Oh! elle monte si bien!

— Si bien? ma femme! Ah çà, vous voulez rire?...

— Mais, nullement.

— Allons donc! Enfin, elle veut un cheval très grand, c'est plus avantageux pour une amazone; noir, autant que possible; un mouton et paraissant fougueux; parfaitement solide et mis au bouton. Ah! j'oubliais, il faut aussi qu'il n'ait peur ni des tramways, ni des omnibus, ni du sifflet du chemin de fer dans l'avenue de l'Impératrice, ni des chiens, ni des tuyaux d'arrosage, ni des voitures de la « Old England », ni...

— Mais vous ne trouverez jamais cela ici!

— Je l'espère pardieu bien!

CELUI QUI S'Y ENTEND, CELUI QUI VOUDRAIT S'Y ENTENDRE.

CELUI QUI VOUDRAIT S'Y ENTENDRE. — Vous cherchez encore un cheval de chasse?

— Oui.

— Vos deux ne suffisent pas?

— Si, mais j'en ai vendu un.

— Lequel?

— « Arthur ».

— Comment! vous vous êtes décidé à vous séparer « d'Arthur »?

— Il a bien fallu. Il ne tenait plus debout; de plus, je crois qu'il est presque aveugle, et comme il ne saute qu'emballé, c'est très dangereux. Ma foi, je ne suis pas assez jeune pour courir sur les obstacles à tombeau ouvert, avec un cheval aveugle surtout, et je l'ai vendu.

— A qui?

— Au petit de la Guigne.

Celui qui voudrait s'y entendre, *avec admiration*. — Vous n'avez pas votre pareil pour enrosser les naïfs, vous?

Un amateur, un marchand sans importance.

— Tiens! qu'est-ce que c'est que cette rosse-là?... Mais il me semble... Est-ce que ce n'est pas le cheval que vous avez vendu il y a deux mois à de V...?

— Mais oui, monsieur, c'est lui... même... en chair et en os...

— En os surtout... Miséricorde!

— M. de V... est maladroit avec ses chevaux, il « les maigrit » tous! Ainsi celui-là était superbe quand je le lui ai vendu... sa peau était tendue à éclater... et aujourd'hui, regardez-moi ça?

— Le fait est qu'il est dans un état...! Qu'est-ce qu'on a pu lui donner à manger pour...?

— Monsieur, je crois qu'ils lui ont donné de l'avoine !

— Mais dame ?...

— Eh bien, ce cheval-là, je l'ai eu à la maison pendant six mois ; il n'a jamais mangé que du son et des pommes de terre, aussi faut voir comme il était beau, et luisant, et gras !...

L'amateur. — !!!

Monsieur A..., Monsieur B...

— Est-ce que les pur-sang sont vendus ?

— Pas encore ; vous en voulez un ?

— Je veux un animal quelconque pour aller au Bois le matin.

— Est-ce qu'il est arrivé quelque chose à votre grand cheval ?

— Du tout ; mais il ne veut plus passer dans l'avenue de l'Impératrice.

— Pourquoi ?

— Parce que, dans ce moment, il y a des tas de sable jaune qui lui font peur. Je sais bien que c'est un caprice, mais enfin, ils sont jaunes, ces tas ; et vous savez que les chevaux ne voient pas les objets tels que nous les voyons...

— Mais cependant...

— D'ailleurs, j'ai insisté !... C'est absolument

CHEVAUX ET VOITURES A VENDRE 277

inutile, et je suis obligé de m'en aller par le Trocadéro, tout seul; personne ne veut venir avec moi... C'est embêtant... Je patientais, espérant toujours que ça passerait.

— Eh bien?

— Eh bien, ça ne passe pas...

UN JEUNE HOMME NAÏF, *à un palefrenier*. — Monsieur, pour 1,400 francs, peut-on avoir un équipage... convenable?

— Quel équipage?

— Mais, une voiture et...

— Ce n'est pas mon affaire, mais on va vendre tout à l'heure, vous verrez bien...

— Mais savez-vous, monsieur, s'il y en a dans ces prix-là, parce que sans cela je ne resterais pas?

— Tout de même... y doit y avoir des victorias...

— Avec un bon cheval?

— !!!!!...

LE PETIT JEUNE HOMME DONT LA FAMILLE HABITE SES TERRES, *à lui-même.* — Papa m'a dit d'acheter deux belles juments de trait et d'aller jusqu'à 8,000... Ces deux-là sont vraiment pas mal et on les aura pour 3,500... C'est 4,500 de bénef pour Bibi... et tous les connaisseurs de Pont-sur-Brives viendront envier et admirer l'acquisition de papa... Je lui dirais bien le prix réel, à papa, mais je suis sûr que

16

ça l'empêcherait d'apprécier ces deux bêtes-là... Je vais même lui dire que je n'ai pu les avoir qu'à 8,300, parce que 8,000 tout rond, comme il l'a fixé, ça lui semblerait peut-être louche...

« Gelée de Coing », jument tracée, 4 ans, etc.

Un monsieur de province, *à un habitué.* — Est-ce que c'est un cheval de course, monsieur?

— Non, monsieur, c'est une jument.

— Mais est-elle de course?

— Ah! je crois bien.

— Plate?

— Tout ce qu'il y a de plus plate!

— Je vous remercie, monsieur.

Il pousse la jument qui lui reste et s'éloigne radieux.

Plusieurs amateurs et un monsieur distrait examinent un cheval qui attend son tour de vente.

— Splendide, cet animal-là!

— Il a le poil hérissé!

— Mais non.

Pendant ce temps le cheval... « manque de respect » aux amateurs occupés à l'admirer.

Le monsieur distrait lui enfonce machinalement le bout de son parapluie... Surprise du cheval; il détache une épouvantable ruade, qui atteint le chapeau d'un monsieur.

Le monsieur exaspéré s'avance frémissant vers le monsieur distrait.

— Monsieur, c'est par trop bête !... Comment ! vous voyez ce cheval qui..., et vous vous amusez à lui enfoncer votre parapluie jusqu'à la soie !...

— Mais, monsieur...

— Oui, monsieur, jusqu'à la soie !...

La discussion s'envenime encore. Échange de cartes.

Un qui cherche la petite bête, un qui ne la trouve pas.

— Vous avez tort d'acheter ce cheval, vous ne pourrez pas le seller.

— Mais si, avec des précautions.

— Tout ce que vous voudrez, mais ce cheval ne peut pas se seller convenablement...

— Mais...

— On sera sur les crins...

— Mais non ; en plaçant bien la selle en arrière, en ayant soin de croiser légèrement les sangles et en mettant un tapis de chevreuil et une éponge imbibée d'aloès sur le garrot...

— Pourquoi pas une croupière ?

Quelques maniaques.

— Il n'y a rien de tel que la « Liqueur de Gilis »,

le poil repousse exactement de la même couleur...

— Oui, mais frisé; tandis qu'avec « le Cuprique » il repousse parfaitement lisse; on ne découvre pas la plus légère ondulation...

— Ah! croyez-en ma vieille expérience, l'aloès est bien encore ce qu'il y a de mieux comme cicatrisant...

— Oui, mais ça repousse blanc...

— Eh bien, quand ça repousse blanc, on met du nitrate...

— Oui, mais le nitrate teint quelquefois imparfaitement, et alors c'est violet...

— Comment! violet?... Il y a quinze ans que je me sers de nitrate pour... (*Il s'arrête brusquement et porte involontairement la main à ses favoris.*)

LES COMÉDIENS DE CHATEAU

I

LE CHOIX DE LA PIÈCE

Dans la bibliothèque du château. Vieilles tapisseries d'Aubusson; meubles moelleux dans lesquels on enfonce jusqu'aux épaules. Larges divans très bas; statues, tableaux sur des chevalets drapés de peluche; plantes vertes; au milieu de la pièce, un divan circulaire duquel sort un immense palmier, dont les gigantesques feuilles s'étendent dans tous les coins, ou s'écrasent contre le plafond comme de grosses pattes. Les invités sont réunis. Il s'agit de choisir définitivement la pièce que l'on jouera. Tous les jours on en parle vaguement, mais aujourd'hui chacun doit donner son avis; on va causer « sérieusement », il faut cette fois décider quelque chose. Tout le monde est présent.

La duchesse. — En douillette de soie gorge de pigeon, à capuchon froncé à la vieille, toute parfumée d'iris, un vrai sachet. Boucles blanches dites « à la neige », bonnet en tulle « vapeur du soir »; est plongée dans un grand voltaire en tapisserie. Elle reste là parce qu'elle est chez elle et n'ose pas s'en aller, mais elle se demande à quoi elle sert, sinon à enrayer la gaieté de toute cette jeunesse, et elle songe tristement qu'elle serait bien mieux dans le salon, où son fauteuil est meilleur, et où « Pygmalion », son carlin, doit la chercher partout. Elle ne l'a pas pris avec elle, parce qu'il secoue toujours les grelots de sa petite poste et qu'il aurait pu troubler la séance.

La marquise douairière. — Trône dans un fauteuil à dos droit, raide et majestueux comme elle, dans lequel elle médite sur l'effet qu'elle va produire. Très instruite et énormément prétentieuse; elle a préparé des notes écrites sur le théâtre moderne comparé à celui de 1845. Elle ne craint nullement de gêner la jeunesse et attend avec impatience le moment de prendre la parole. Coiffure « Marie-Amélie » poivre et sel.

Solange. — Étendue sur une dormeuse, s'évente lentement. Quelques prétentions au bel esprit. Cheveux roux, nattés en couronne à la vénitienne.

Arlette. — Pelotonnée en boule au fond d'un crapeau capitonné. Grelotte toujours. Voudrait bien que la pièce fût vite choisie, parce qu'on retournerait au salon où il fait plus chaud qu'ici. Cheveux noir bleu, brillants comme du satin, coiffés très bas.

Françoise. — Cause debout devant la cheminée. Grande dame, intelligente et instruite comme un homme... qui serait instruit. S'intéresse vivement au succès de ce qu'on jouera, et fera son possible pour y contribuer. Cheveux blond doré, coiffure relevée sur la nuque par une petite couronne de comte posée en arrière.

Geneviève. — Gaie, drôle, bonne enfant, s'arrangera très bien d'une « panne » si on ne lui donne pas mieux. Furète en ce moment dans les livres que chacun a apportés. Cheveux blond argent, serrés en queue de postillon par une barrette de saphirs.

SUZANNE. — Ravissante, un peu bêbête, cause avec Folleuil, dont ses naïvetés font la joie. Il ne la quitte pas pour n'en rien perdre : et elle le croit très amoureux d'elle. Cheveux noirs coiffés à la vierge.

Parmi les hommes, le prince, toujours aimable, et le baron, toujours galant, représentent le côté sérieux... au point de vue de l'âge; puis Folleuil, M. X..., d'Estourdy, de Lablague, et enfin, comme « dessus du panier », M. Cœur, l'académicien, qui daignera prendre part aux débats et donner des conseils.

Après quelques instants du petit papotage indispensable à des gens qui s'installent pour longtemps, Lablague prend place à la cheminée et explique que M. Cœur (l'académicien), qui devait présider, ne voulant pas se fatiguer dès le début, le charge de prier chacun de vouloir bien exposer ses idées « le plus clairement possible ». Il sera pris note des titres proposés, et on choisira ensuite.

Folleuil se lève et demande la parole. Il a quelques difficultés à l'obtenir. Personne ne veut lui permettre de la prendre, tout le monde crie à la fois:

— Ne le laissez pas parler! il va tout embrouiller comme l'autre jour!

— Il ne fait jamais attention à rien!

— Il n'ouvre la bouche que pour dire des choses qui n'ont ni queue ni tête!

— Ou des choses à faire rougir!!!

Folleuil, devant cet accueil peu bienveillant, déclare qu'il renonce spontanément à la parole ; aussitôt tout le monde est d'avis de la lui donner.

— Parlez, si vous avez « vraiment » quelque chose à dire.

— Vous pouvez parler assis! dit Arlette, qui frissonne à la pensée que si elle veut à son tour expliquer ses petites idées, elle sera forcée de quitter son fauteuil, qui commence à se réchauffer.

Folleuil. — Je serai bref ; je veux simplement demander que tout d'abord on écarte les vieux « ponts-neufs ».

— Qu'appelez-vous des vieux ponts-neufs?

— Laissez-le donc parler.

— Tout à l'heure vous étiez l'un des plus enragés à l'en empêcher.

— Oui, mais puisqu'il a commencé!

Folleuil, *reprenant*. — Les vieux rossignols, si vous préférez...

— Oh!!!

Folleuil, *reprenant*. — ... qu'on a l'habitude de jouer partout...

— Lesquels?

— Un exemple?

Folleuil. — Mais le **Cheveu blanc**, le **Cas de conscience**, le **Village**.

— Tout Feuillet, alors?

Folleuil. — A peu près. C'est certainement

très joli, le *Village*, et je n'ai nullement l'intention de le « débiner », mais enfin, quand on l'a entendu une trentaine de fois... par des amateurs, on désire se reposer un peu.

Le prince. — C'est cependant le théâtre des gens comme il faut!

— C'est doux, élégant, distingué.

— C'est pour cela que ça ne plaît plus! dit aigrement la marquise douairière, il faut à la génération actuelle des choses plus accentuées, mais on doit lutter contre cette tendance, et nous lutterons...

M. Cœur lui fait observer à voix basse que la génération actuelle étant en grande majorité, la lutte serait inégale.

Folleuil. — Mor Dieu, Feuillet n'est pas le seul à éviter; l'*Autre motif*, l'*Étincelle*, les *Sonnettes*, toutes ces pièces sont dans le même cas; elles ont eu le sort des jolis airs que jouent les orgues de Barbarie, on a abusé d'elles. Maintenant que j'ai signalé cet écueil, je me tais.

La marquise douairière *demande la parole; silence profond.* — Ce que vient de dire M. de Folleuil est parfaitement dit. (*Folleuil salue.*) On a tant joué de pièces nouvelles, qu'il vaudrait beaucoup mieux nous occuper de chefs-d'œuvre oubliés;

parmi ceux-là, nous prendrons, si vous le voulez bien, *Mercadet*...

— Mais *Mercadet* n'est pas oublié.

— Sapristi non !

— Euh ! euh ! c'est vieillot !...

Suzanne demande au prince ce que c'est que ça.

La marquise, *reprenant*. — Si vous trouvez que *Mercadet* ne soit pas assez délaissé pour le choisir, prenons une autre pièce du même auteur: *la Marâtre*.

— Oh !!!

— Connais pas, mais je me méfie...

— Quel titre !!!

La marquise. — Cette pièce est un chef-d'œuvre; elle fut, si je ne me trompe, représentée en 1848...

— C'est ça qui aura fait tomber le gouvernement de juillet !... quand un gouvernement permet de représenter des choses pareilles, il est malade !

— Le fait est que ça a un parfum sépulcral, ce machin-là...

— Quel machin ?

— Ce qu'a dit la marquise...

— Je n'ai pas entendu ce qu'elle a dit; d'Estourdy parle haut tout le temps.

Folleuil. — Je redemande la parole.

La marquise. — Mais je l'ai, et...

Folleuil, *jouant la confusion*. — Oh! madame! pardon, je croyais que...

La marquise annonce d'un ton pointu qu'elle a dit tout ce qu'elle voulait dire.

Un soupir satisfait lui répond.

— Allons, parlez, Folleuil.

— Nous écoutons religieusement.

— Vous avez une idée?

— Vous avez trouvé quelque chose?

Folleuil. — Moi? Rien du tout.

— Vous avez demandé la parole?

Folleuil, *bas*. — C'était pour faire taire cette vieille épave, voilà tout.

M. Cœur (l'académicien) se lève, et explique que: s'il est nécessaire d'éviter le répertoire habituel des salons, on peut néanmoins choisir parmi les auteurs aimés de ce public d'élite. Certes, il ne faut jouer ni le *Caprice*, ni *Il faut qu'une porte soit ouverte ou fermée;* mais pourquoi ne jouerait-on pas *Louison*, ou le *Chandelier*, ou n'importe quelle autre pièce du même auteur? (*Il se rassoit.*)

Folleuil dit que c'est une idée à creuser.

— Voyons, il faut chercher... Ah! *Lorenzaccio*, par exemple! C'est simple, court, facile à jouer, il n'y a que vingt-sept personnages... (*Stupeur.*)

— Décidément Folleuil ne respecte plus rien Il blague Musset et M. Cœur! où cela s'arrêtera-t-il ?

Geneviève propose hardiment de jouer une pièce de Labiche.

— Y a-t-il rien de plus joli, de plus drôle que le *Plus heureux des trois*, ou le *Cachemire X.' B. T.*, ou *Un pied dans le crime?*

Suzanne interrompt. Elle ne connaît pas la pièce, mais, dans le titre, madame de X... ne verra-t-elle pas une allusion? tout le monde rit, Suzanne rit aussi; elle prend un petit livre qu'elle tient sur ses genoux, l'ouvre et dit :

— Je propose une pièce des Français, les costumes sont tout indiqués, ce qui simplifie beaucoup, et ils peuvent être fort jolis, si on les réussit.

— Ah! voyons!
— Qu'est-ce?

SUZANNE. — Voulez-vous voir ? (*Lisant.*) : « *Madame Murer.* — Robe anglaise toute ronde, de couleur sérieuse, à bottes, sans engageantes, sur un corps serré descendant bien bas; un grand fichu carré à dentelles anciennes attaché en croix sur la poitrine; un tablier très long sans bavette, avec une large dentelle au bas; des souliers de même étoffe que la robe ; une barrette anglaise a rubans sur la tête, et par-dessus un chapeau de satin noir à rubans de même couleur.

« *Eugénie*. — Robe anglaise toute ronde... »

— On l'a déjà dit...

— Vous recommencez...

Suzanne, *continuant*. — Toute ronde, de couleur gaie, à bottes, comme celles de madame Murer, le...

— Ah ! je savais bien qu'on l'avait déjà dit...

Suzanne, *continuant*. — « Le tablier de même que sa tante ; des... »

— Ah ! l'autre est la tante ? j'aime à m'éclairer, moi, et, jusqu'à présent...

— Laissez donc continuer...

Suzanne, *continuant*. — « Des souliers blancs... »

— C'est bien salissant...

— Oh ! silence !

Suzanne, *continuant*. — « Blancs ; un chapeau de paille doublé et bordé de rose ; une barrette anglaise à dentelle sous son chapeau.

« *Betsy*. — Une robe anglaise de toile peinte, toute ronde... »

— A bottes ?

— Barrette anglaise

— Assez, assez !

— C'est une pièce des Français, ça ?

— Mais oui.

— Et cela s'appelle ?

— *Eugénie.*

— *Eugénie!* oh ! malheur !

— C'est de qui ?

SUZANNE. — Ah ! ça, par exemple, je n'en sais rien.

— Mais vous tenez le livre !

SUZANNE. — Tiens, oui. (*Lisant.*) « *Eugénie*, drame en 5 actes et en prose, représenté, pour la première fois, sur le théâtre de la Comédie-Française, le 25 juin 1867. »

— Mais l'auteur ?

SUZANNE. — Ah ! c'est vrai ! (*Lisant.*) « Beaumarchais. »

— Comment, comment, en 67 ? une première de Beaumarchais.

SUZANNE. — Dame ! c'est écrit ! Ah ! non, pardon, 1767.

Solange déclare que, sans jouer Beaumarchais, on peut choisir dans le répertoire des Français. Pourquoi pas le *Misanthrope?*

— Pourquoi pas *Rodogune?*

— Ou *Phèdre?*

— Ou *la Fille de Roland?* pendant que nous nous occupons des choses amusantes.

Françoise penche pour Augier : *le Mariage d'Olympe* pourrait fort bien réussir.

La duchesse intervient : elle fait observer que,

dans le choix de la pièce, on ne se préoccupe pas assez de la présence des jeunes filles... Il est certaines choses... *le Mariage d'Olympe*, entre autres, qui...

Folleuil affirme qu'il ne faut pas s'inquiéter de ça. Ou les jeunes filles comprennent, ou elles ne comprennent pas. Si elles comprennent, on ne fait aucun mal... nouveau; si elles ne comprennent pas, alors, pas de danger.

Protestations. Le prince et M. X... combattent vigoureusement cette théorie.

On sert le thé, car il est quatre heures et demie, et rien de décidé encore. Tous jacassent.

Le prince et le baron voudraient voir jouer une ou deux scènes d'Henry Monnier. Ils échangent leurs souvenirs.

— Quoi de plus joli que *le Voyage en diligence?*

— A lire, oui, mais peut-être cela perdrait-il être joué.

— Et *le Café militaire?*

— Et *la Cour d'assises,* et *l'Exécution?*

— Rien ne vaut *la Victime du corridor!*

— Je ne me souviens pas très bien de *la Victime du corridor.*

— Comment! vous ne vous souvenez pas? Celui qui transporte son poêle et sa caisse de capucines...

on dit qu'il est l'amant d'une bonne... et puis après qu'il en est le père... vous savez bien ?

— Parfaitement, parfaitement... c'était une absence.

Arlette est assise à terre devant la cheminée, pour mieux se chauffer le dos. Elle parlera tout à l'heure, si elle a très chaud.

La marquise explique à M. Cœur, qui le sait très bien, que Zola est le Manet de la littérature; M. Cœur voudrait bien s'en aller, mais quand la marquise tient quelqu'un, c'est solidement, et bon gré, mal gré, il faut écouter, ou, du moins, en avoir l'air.

Françoise se dispute avec d'Estourdy, au sujet de Beaumarchais.

— Je vous assure, madame, que Beaumarchais est mort avant la fin de la Révolution.

— Mais non, il est mort tout à fait à la fin du siècle, ou au commencement de celui-ci.

— Jamais de la vie.

— Mais si, du reste, c'est bien simple : nous allons le chercher dans Bouillet. Là, voyez-vous ? « Caron de Beaumarchais, né à Paris en 1732, mort en 1799. »

— Oh ! si vous cherchez dans le dictionnaire, il n'y a plus de discussion possible, alors, dans ces conditions-là !!!

On se rassoit et on reprend où on en était resté, ce qui est, entre parenthèse, très difficile à préciser.

Folleuil s'empare de la parole, il dit qu'une opérette serait bien plus amusante.

— Oui, mais laquelle ?
— *La Belle Hélène.*
— Oh ! non.

La duchesse s'oppose formellement à ce qu'on joue *la Belle Hélène*, à cause des jeunes filles. Elle ne regrette plus d'être restée ; c'est Pygmalion qui doit rognonner tout seul au salon. Pourvu qu'il ait à boire, encore !

Arlette se décide enfin à parler ; elle offre *Actéon*, opérette mythologique de Duvert ; c'est facile à monter, quatre personnages ; la scène se passe dans une forêt, aux environs de Mégare, un pays chaud !

Personne ne connaît la pièce, on demande à Arlette un court résumé.

ARLETTE. — C'est bien simple ; un seul acte. Au début, Clytie pleure...

— Qu'est-ce que c'est que Clytie ?
— Ah ! oui ; il faudrait savoir...

ARLETTE. — C'est une jeune villageoise, Clytie..., une villageoise grecque..., par conséquent un joli costume. Elle raconte, qu'il ne lui reste qu'à se faire périr, parce qu'elle a été séduite par

Actéon, un jeune chasseur très gommeux du pays. Diane arrive, et Clytie lui dit : « Vous êtes déesse; moi, pas; vous êtes immortelle; moi, pas; vous dédaignez les hommes; moi, pas; vengez-moi d'Actéon. » Diane le lui jure et l'admet au nombre de ses nymphes... Ah! j'oubliais de vous dire qu'il y a des nymphes..., encore de jolis costumes... Paraît Chiron, elle vient de l'envoyer en Arcadie, à la recherche d'Endymion, un berger pour lequel elle a un léger béguin...

— Qui?

Arlette. — Diane, naturellement. Chiron lui raconte qu'il a trouvé Endymion chez lui. « Était-il seul? s'écrie Diane, jalouse. — Non. — Je m'en doutais! — Son troupeau était sorti, mais il avait gardé avec lui un veau qui était malade. » Diane se rassure, et donne l'ordre à Chiron de retourner *illico* en Arcadie, et de lui rapporter le soir Endymion dans son temple d'Éphèse, où elle le rencontrera comme par hasard. Chiron dit oui, très poliment, mais au fond il bougonne. « Rapporter cet animal d'Endymion à Éphèse!... quelle course!...» Pendant qu'il se lamente, Actéon arrive. Il semble absorbé; Chiron l'interroge, il avoue qu'il aime une déesse. — Laquelle? — La déesse de la chasse. Chiron est ahuri, mais Actéon lui affirme qu'il est décidé à se cacher pour voir Diane qui prend un bain ce soir. Il invoque Jupiter, l'invocation est très bien. « Ah! dit-il, si je pouvais, pour la surprendre, obtenir d'être transformé en quelque chose... avec des pattes... ou en n'importe quoi... avec des ailes... ça ne serait pas mal, ça! Jupiter me le doit; si j'épouse Diane, il devient mon beau-père, et il est bien permis de faire une petite avance à son gendre. Oh! Jupiter, je t'invoque! Mon pauvre ami, je t'invoque! Cristi! ne me refuse pas ça. » Jupiter l'exauce. Il voit au bain Diane qui est cagneuse; elle le change en cerf, puis consent à le débarrasser de ses bois, à la condition qu'il fera le bonheur de Clytie, à laquelle elle donne le pouvoir de lui rendre... l'accessoire qu'elle vient de lui enlever. — Voilà.

— Ça serait assez gentil, cela!

— Les costumes seraient amusants.

— Surtout au moment du bain! Nous ne nous plaindrions certainement pas!...

Ici, une pause et un silence, chacun semble acquiescer, quand tout à coup Folleuil réclame la parole :

FOLLEUIL. — Moi, je crois avoir quelque chose de mieux à vous proposer. Il faut jouer *Saül* que nous transformerons en opéra-bouffe. D'Estourdy va nous faire tout de suite la musique, et chacun travaillera aux couplets.

— Qu'est-ce que *Saül*?

Folleuil. — C'est ravissant.

— Mais, je ne connais pas ça, moi.

Folleuil. — C'est de Voltaire.

— Oh!

Folleuil. — Traduit de l'anglais.

— Et cela n'est pas trop... raide?

Folleuil. — Ah! dame! il y a quelques passages un peu... un peu...

— Un exemple?

Folleuil. — Eh bien, David raconte que son fils Ammon s'est avisé de violer sa sœur Thamar, et Abigall (sa femme), à laquelle il fait cette confidence intime, lui dit : « Ce n'est que cela! vous criez! je croyais qu'on vous avait volé votre argent. »

— C'est tout?

Folleuil. — Non, il y a encore d'autres petites choses ; ainsi, à la fin, quand David qui a toujours froid aux pieds...

Arlette. — Comme moi?

Folleuil. — Non, pas comme vous... il veut qu'on aille lui chercher pour le réchauffer la petite Abisag de Sunam qui a quinze ans.

— Oh!

Folleuil. — Pourquoi dites-vous « oh! » Je crois que ça ferait un opéra-bouffe plus fantastiquement drôle que tout ce qui a été joué jusqu'à présent.

— Décidément, Folleuil, vous vous moquez de nous. Autre chose !

— Voulez-vous du « naturalisme » ?

— Pourquoi pas ?

— Mais quoi ?

— *Henriette Maréchal.*

— *Thérèse Raquin*, plutôt, pendant que nous y sommes : un peu plus ou un peu moins...

Folleuil propose de faire une pièce de *Madame Bovary*, en se dépêchant un peu... et en simplifiant...

M. Cœur rappelle de sa plus douce voix que le nom de Dumas n'a pas encore été prononcé.

— C'est vrai, on pourrait jouer l'*Étrangère.*

— Ou le *Fils naturel.*

— Oh ! non, à cause des jeunes filles !

— Et puis, il y a dans le *Fils naturel* des phrases qui ne peuvent passer que très bien dites. « Tant pis pour son père ! s'écria l'ambassadeur d'Angleterre qui était présent. » Vous comprenez qu'une phrase comme celle-là dite par un de nous...

— Eh bien, l'*Ami des femmes* ?

— Moi, dit Geneviève, j'aimerais bien mieux une jolie petite comédie triste...

Suzanne pousse un cri. Elle se rappelle une pièce ravissante...

C'était aux Variétés qu'on jouait ça... il y a longtemps déjà... C'est la première pièce drôle qu'elle a vue après son mariage... Il y a un acte dans un bureau de tabac, un autre à Mabille, où un notaire qui se nomme « Piedalouette » danse sur les mains un quadrille fantaisiste ; on voit Edmond dans sa grotte ; et puis il y a un acte au Cirque, avec de vrais chevaux...

— Ça n'est pas très pratique...

— Qu'est-ce que c'est que cette pièce-là ?

— Ça s'appelle *le Tour du Cadran*.

La duchesse, qui est énervée, propose que chacun écrive le nom d'une pièce sur un petit papier ; on mêlera dans un chapeau et on fera tirer. La personne qui aura écrit le nom qui sortira, choisira son rôle dans la pièce. On est donc prié d'écrire son nom au-dessus du titre préféré.

M. Cœur trouve que cette idée est excellente et tout le monde écrit, c'est-à-dire Folleuil, Le Prince, M. Cœur, Arlette, Françoise et Geneviève.

Geneviève. — *La Petite Marquise.*

M. Cœur. — *Carmosine.*

Françoise. — *La Contagion.*

Folleuil. — *Saül.*

Arlette. — *Actéon.*

Prince de Grenelle. — *Café militaire.*

La marquise est piquée et se désintéresse de

la question ; Solange plane trop au-dessus pour s'en occuper directement; le baron d'Estourdy et de Lablague n'ont pas de préférence. M. X... dort et Suzanne n'a pas compris. Lorsque d'Estourdy a suffisamment remué les petits papiers, on fait tirer la duchesse.

C'est *la Petite Marquise* qui sort. La duchesse propose de distribuer les rôles; on enverra une dépêche à Paris, et les brochures arriveront demain matin. La petite marquise sera Geneviève; Solange et Françoise, qui ont deux beautés absolument différentes, joueront Martine et Georgette; la femme de chambre sera tirée au sort entre Suzanne et Arlette. Pour Vergazon et le chevalier, le prince et le baron sont indiqués ; mais, qui sera Max de Boisgommeux? Folleuil ne veut pas de rôle, et d'Estourdy et Lablague en veulent trop. Enfin il est convenu qu'on va décider cela dans la soirée et que dans trois jours on répétera, le livre à la main.

Folleuil demande et obtient la place de souffleur. Il réclame d'avance un peu plus de suite dans les idées des acteurs, et espère qu'on ne rencontrera pas, à l'exécution, autant d'obstacles que pour le choix, car il est six heures et demie, et vraiment la séance a été longue; on aurait pu commencer par où on a fini.

II

LA RÉPÉTITION

A Paris, chez la duchesse.

Une immense galerie ouvrant sur le jardin d'hiver, les murs couverts de vieux cuir espagnol, à larges fleurs sur fond d'or. Portières et rideaux de tapisseries à personnages, sièges variés. Canapés, divans bas, S, tête-à-têtes, X, poufs en cuir, en peluche, en tapisserie, en vieux damas broché, etc., etc. Au milieu de la pièce, une grande cheminée Renaissance, dont les deux montants représentent des moines merveilleusement sculptés.

A un bout de la galerie, le billard; à l'autre bout, le théâtre, qui n'est pas complètement terminé; il fait face à la galerie et est adossé, tout en la laissant libre, à la baie qui ouvre sur le jardin d'hiver. Des deux côtés du théâtre, les coulisses, qui manquent un peu d'espace. Il est deux heures; un grand va-et-vient.

LA DUCHESSE, assise dans une grande bergère, disparaissant presque dans l'intérieur de la cheminée; « Pygmalion » pelotonné sur ses genoux, a un paletot de peluche grenat, galonné d'or.

LA MARQUISE DOUAIRIÈRE, debout, cause avec M. X... —

Chapeau Paméla qui semble avoir été conservé dans une armoire depuis 1835; manchon énorme et ballonné.

Geneviève, arrivée très exactement à deux heures moins un quart. — Elle a enlevé son chapeau et repassé son rôle.

Folleuil, debout sur le théâtre, dirige les domestiques et les ouvriers.

Le prince de Grenelle lit attentivement l'*Intransigeant*, qu'il tient plié sur sa brochure.

Le baron pioche consciencieusement son rôle en faisant le tour du billard.

Françoise. — Donne des conseils à Folleuil, qui s'en passerait bien, étant absolument décidé à ne faire qu'à sa tête.

Folleuil. — Madame la duchesse, si on ne commence pas à répéter, on n'aura pas fini à huit heures...

— Mais, mon cher enfant, je ne vous empêche pas de commencer, moi ; au contraire, j'attends.

— Eh bien alors, commençons.

Françoise fait observer que d'Estourdy, qui joue Max de Boisgommeux, n'est pas arrivé. Folleuil devient nerveux.

— Mais Solange et Suzanne manquent aussi?

— Et Lablague non plus n'est pas là

— Pour Solange, ça ne fait rien puisqu'elle n'est que du deux !...

Le prince quitte un instant sa lecture, pour

affirmer que ces dames n'arriveront pas avant trois heures.

— Mais pourquoi ?

— Parce qu'elles sont au cours de M. Cœur, parbleu !

— Patatras ! personne n'a pensé à ça en fixant le jour !

— Eh bien, mais alors il ne viendra pas non plus ?

— Qui ça ?

— M. Cœur.

— Mais d'Estourdy, il pourrait bien être exact ; il n'est pas au cours, lui, je présume ?

Entrée de d'Estourdy ; il fait mille excuses à la duchesse. Il a le nez violet et les oreilles bleues.

— Eh bien, à présent, on peut commencer, il ne manque plus qu'Arlette, qui ne joue pas, ainsi...

D'Estourdy est très étonné qu'elle ne soit pas arrivée. Il l'a rencontrée il y a trois quarts d'heure, dans la rue de la Paix ; elle lui a dit qu'elle venait ici. Elle était en coupé, ensevelie sous des fourrures, et entourée de boules d'eau chaude. Qu'est-elle devenue ?

Folleuil. — Voyons, commence-t-on, oui ou non ?

Françoise. — Mon Dieu, on commence ! vous n'êtes pas à votre place, ainsi de quoi vous plaignez-vous ?

Folleuil. — Si vous croyez que c'est amusant de se fourrer d'avance dans une niche pareille? vous vous trompez, madame, on est ramassé comme une boule, là dedans!

Françoise. — C'est vous qui avez demandé à être souffleur, Folleuil?

Folleuil. — Je sais bien, mais ce n'est pas une raison pour desirer passer ma vie dans la loge.

D'Estourdy. — Eh bien, nous sommes prêts.

Le prince plie l'*Intransigeant,* qu'il remet soigneusement dans sa poche, et demande la parole:

— On ne peut, dit-il, commencer, tant que Lablague ne sera pas arrivé.

— Mais ça ne fait rien, les rôles de domestiques sont absolument insignifiants, Folleuil dira ce qu'il y aura à dire.

— Très bien; on peut répéter les premières scènes; Suzanne n'est que de la scène VIII, elle arrivera pendant ce temps-là.

Folleuil, *appelant.* — « Henriette! » c'est la vicomtesse...

Geneviève. — Présente.

Folleuil, *continuant.* — « Boisgommeux, » qui est d'Estourdy, et « Kergazon, » qui est le prince...

Le prince. — Non, ça n'est plus moi! (*Stupeur générale.*)

La duchesse, *inquiète de voir tout manquer au dernier moment.* — Comment, ce n'est plus vous ?

— Non, Lablague me remplace. Ce sera beaucoup mieux ainsi. Vous étiez tout le temps à me répéter : « Mais Baron ne disait pas ça comme ça ! — Mais ce n'est pas du tout la voix de Baron ! » Je n'aurais jamais attrapé la voix de Baron, et je serais devenu enragé...

— Mais Lablague ne saura pas un mot.

— Il sait très bien. J'ai été le réveiller ce matin pour m'en assurer.

— Mais il faudra qu'il se grime affreusement, tandis que...

— Tandis que moi, j'étais affreux sans me grimer ; merci, comtesse, vous êtes gentille comme tout.

— Ce n'est pas cela, mais Lablague sera très mauvais dans ce rôle-là...

— Pas du tout, et tenez, vous allez en juger, le voilà !

Entrée de Lablague ; on l'accable de reproches. Il affirme qu'il n'est nullement en retard, il est trois heures précises...

— Comme la répétition devait commencer à deux heures...

— Jamais de la vie !

Petite discussion. Enfin on commence. La duchesse, le prince et la marquise viennent s'asseoir au rang de fauteuils placés devant le théâtre.

FOLLEUIL, *à M. X..., qui se préparait à s'asseoir.* — Voulez-vous, monsieur X..., avoir l'extrême obligeance de venir lire les deux lignes du domestique? Je les dirais bien, mais ça nuirait au jeu de scène...

— Très volontiers. (*M. X... se dispose à grimper sur le théâtre par le devant.*)

(*Cris.*)

— Pas par là!

— Vous allez tout faire chavirer!

— Faites le tour par la coulisse. Là, ça y est! Maintenant, les trois coups... Ah! une canne, s'il vous plaît?

Le prince passe sa canne. Folleuil la prend sans la regarder et tape vigoureusement la pomme à terre.

LE PRINCE, *timidement.* — Tapez pas tout à fait si fort... c'est un pavé de turquoises, et...

FOLLEUIL. — Ah! pardon! C'est une belle canne! Oh! c'est vrai, quelle magnifique pomme! en voilà une idée d'avoir une canne comme ça! (A M. X...) Allons! préparez les tasses!

MONSIEUR X... — Quelles tasses?

FOLLEUIL. — Vous avez la brochure en main :

« Au lever du rideau Joseph prépare les tasses pour le café. »

Monsieur X... — Ah! je suis Joseph! c'est que j'ignorais que je fusse Joseph. (*Il prépare les tasses.*)

Folleuil. — La lettre? Allons, Lablague, apportez la lettre.

Lablague. — Mais je n'aurai pas le temps de ressortir pour mon entrée.

— Mais si, mais si.

Mouvement de scène. On répète un instant. Au moment où Henriette s'écrie : « Oh! cette voix, surtout, cette voix!... » le prince prend la parole de son fauteuil :

— Vous voyez, ça va bien mieux qu'avec moi : il a attrapé la voix, lui, positivement, il l'a attrapée!

Folleuil supplie qu'on n'interrompe pas; il est impossible de rien obtenir dans des conditions pareilles.

Françoise, qui était entrée dans la coulisse, vient s'asseoir avec les spectateurs. Elle n'est pas de l'acte.

Geneviève, *cherchant dans le tiroir de la petite table et ne trouvant rien.* — Sapristi! Folleuil, les numéros des fiacres n'y sont pas?...

— Quels numéros?

— Eh bien! les numéros de fiacres, que je dois montrer à Boisgommeux.

— Ah! c'est vrai!

— Il faudra faire attention aux accessoires, car enfin, si pareille chose arrive à la représentation, vous pensez bien que ce n'est pas moi qui aurai l'idée, ce jour-là, d'aller visiter la petite table...

— Ça sera fait, soyez tranquille.

MONSIEUR X..., *passant sa tête*. — Est-ce que je puis m'en aller maintenant?

— Mais certainement, il y a longtemps que vous devriez être parti. (M. X... *va s'asseoir*.)

Un temps d'arrêt. Entrée de SUZANNE et de SOLANGE en toilettes éblouissantes. Interruption complète de la répétition. Ces dames interpellent les acteurs :

— Pourquoi n'êtes-vous pas venue, Geneviève?

GENEVIÈVE, *avançant au bord de la scène*. — Moi, je n'y vais jamais!

— Vous avez tort! C'était ravissant! des toilettes! Odette, surtout, était d'un réussi! et *Il* a parlé!!!

— Sur quoi?

— Ah! ça, par exemple! je ne pourrais pas trop vous dire; mais, demandez à Solange, elle doit le savoir.

La bêtise de Suzanne amuse tellement Folleuil,

qu'il se hisse sur le théâtre et s'assoit les jambes pendantes dans sa loge de souffleur pour l'écouter et la voir. Dans la salle on questionne Solange.

— C'était admirable !

— Sur quoi a-t-il parlé?

— Sur l'hérédité. Il s'est surpassé !

Folleuil. — On dit toujours ça. On abuse de cette formule.

La marquise douairière objecte d'un ton pointu que M. de Folleuil a la critique facile, et que les choses littéraires ou philosophiques ne sont pas à la portée de tout le monde.

Folleuil s'incline vers la marquise et demande à Suzanne si elle veut bien se préparer à entrer en scène, parce que ça va être à elle dans un instant.

Suzanne passe derrière le théâtre pour enlever son chapeau et la répétition reprend.

Folleuil. — A vous, à vous, madame !

(*Voix de Suzanne dans la coulisse.*) — A moi ?

— Mais naturellement. Vous entrez au mot « siècle » quand Kergazon dit : « n'est pas une chanson du quinzième siècle ».

(*Entrée de Suzanne.*) — « Bonjour, monsieur ! » Tiens !!! Où est le prince?

Lablague. — Je le remplace aussi bien que je puis, quoique avec moins de grâce.

— Ah! bravo!! bravo!!

— Très joli !

— Il sait des vers par cœur !

— Et de Ponsard encore !!!

Folleuil, *agacé.* — Quand on y sera?...

Suzanne. — Mais le prince? Pourquoi n'est-ce plus lui?

Folleuil. — Ça l'embêtait !

(*Voix indignée partant de la coulisse et des spectateurs.*) — Oh!!! oh!!! oh!!!

Suzanne, *vexée.* — Comment, ça... l'embêtait de me prendre sur ses genoux? Car il me prend sur ses genoux, à la fin de la scène.

Le prince, *se levant.* — Permettez, chère madame, permettez, je ne...

Folleuil, *donnant un formidable coup de poing sur la scène.* — Mais, sac à papier! si chacun se met à raconter ses petites affaires, nous n'en finirons jamais! et j'ai la crampe, moi !

(*On reprend.*)

Suzanne, *jouant.* — « Je suis une honnête fille, moi, monsieur, j'ai des amants!... »

Folleuil. — Pardon; voulez-vous, madame, avoir la bonté de reprendre votre réplique? vous dites : « J'ai des amants. » C'est : « Je suis une honnête fille, moi, monsieur, j'ai *un* amant ! » qu'il faut dire !!!

Suzanne. — Ah ! je veux bien, moi; mais ça ne

valait pas la peine d'arrêter pour ça' vous qui êtes pressé...

(*On continue.*)

LABLAGUE, *jouant*. — « Venez alors! » (*Il veut la faire asseoir sur ses genoux, elle se débat.*)

FOLLEUIL. — Il ne faut pas vous débattre; vous avez accepté l'arrangement que Kergazon vous offre; il faut faire la chose de bonne grâce.

SUZANNE. — Mais pas du tout! C'était bon quand c'était le prince; il était assez vieux, lui! Mais avec Lablague, ça change!... Il me semble qu'avant de déranger tout ça, on aurait bien pu me demander sur les genoux de qui je voulais m'asseoir?

FOLLEUIL. — Allons, bon! en voilà bien d'une autre à présent! si on est obligé de s'occuper de ces choses-là?

LABLAGUE. — Allons, baronne, asseyez-vous tranquillement sur mes genoux! Je ne bougerai pas plus qu'un fauteuil, qu'un honnête fauteuil...

SUZANNE, *s'asseyant*. — Surtout ne me faites pas de farce! hein?

FOLLEUIL. — « De farce! » Elle a vraiment des idées!...

L'acte s'achève péniblement. Folleuil propose de continuer immédiatement, on refuse. Il est cinq heures, c'est l'heure du thé, on meurt de faim; on recommencera après avoir mangé. Folleuil hausse les épaules et sort difficilement de sa niche en disant :

— Cristi! comme on vous sifflerait, si c'était pour de vrai? ça ne marche pas, mais là, pas du tout et il vous reste trois jours, « trois jours », vous m'entendez bien?

— Allons, Folleuil, buvez votre thé et ne grognez pas comme ça.

— Oh! vous savez, moi, ce que j'en dis!...

Tout le monde s'approche de la grande cheminée, dans laquelle flambe un feu superbe. Le thé est servi sur une table Henry II, recouverte d'une vieille tapisserie. ARLETTE arrive. Elle est en retard, parce qu'elle avait tellement froid, qu'elle est entrée se chauffer chez le pâtissier.

— Comment, depuis que d'Estourdy vous a rencontrée, vous êtes chez le pâtissier?

— Mais oui, je n'avais plus le courage d'en sortir.

— Et vous avez... consommé tout le temps?

— Presque! j'ai tout essayé pour me réchauffer.

— Alors, chère petite, je ne vous offre pas de thé, dit la duchesse.

— Au contraire, il faut lui en offrir.

— Voilà, — dit d'Estourdy, — si vous aviez voulu me prendre avec vous, rue de la Paix, quand je vous l ai demandé, vous n'auriez pas eu froid comme ça.

— Ah ! parce que ?
— A deux, on a bien plus chaud.
— Alors, vrai, c'était amusant ?
— Quoi ?
— Le cours ?
— Plus que jamais.

Le prince demande qu'on ne parle pas de ça. Ça l'agace, de voir de jolies femmes aller écouter un monsieur qui parle sur l'hérédité... d'une façon convenable... quand on pourrait parler d'une façon si amusante sur ce sujet...

— Oh! oh!
— Eh bien ! quoi ?
— Vous dites des choses d'un raide.
— Moi ? madame, vous en avez dit de plus raides que ça. Je me rappelle qu'à un bal en 1847... vous m'avez fait rougir, et pourtant!...

La marquise douairière est très ennuyée ; il y a vraiment des jours où le prince manque de tact.

Folleuil demande si l'on veut commencer à répéter le deux ; on y consent, sans enthousiasme, mais enfin, on y consent.

Les spectateurs reprennent leurs fauteuils.

FOLLEUIL. — Monsieur X..., voulez-vous avoir la bonté de venir pour le rôle de « Mouche ».

M. X... se lève d'un air résigné. Lablague offre de faire « Mouche », il n'est pas de l'acte; le baron se propose également, il ne paraît plus qu'au trois.

M. X... se rassoit.

Folleuil. — Une canne? une canne simple, s'il vous plaît?

— Voilà!

Folleuil, *frappant*. — Allons! rideau; mais allons donc!

(*Voix d'un domestique dans la coulisse.*) — Monsieur le vicomte, le système est probablement cassé, mais ça ne veut pas monter.

Folleuil, *sortant de son trou*. — Ah! bon! voilà autre chose! Jusqu'au rideau qui ne marche pas!

Il disparaît derrière le théâtre. Après un certain temps, le rideau glisse majestueusement sur la tringle, et Folleuil revient à sa place.

Au lever du rideau, on voit d'Estourdy étendu dans un grand fauteuil, la jambe posée sur un tabouret. Solange, à genoux à terre, lui tripote le pied. Au fond, Lablague arrange le fusil et les cartouches.

D'Estourdy, *jouant*. — « A la bonne heure, on est bien ici!... » Sapristi!...

Solange, étonnée, le regarde.

D'Estourdy. — Vous me chatouillez, crrr!... vous me chatouillez atrocement.

Folleuil. — Voyons, d'Estourdy, répétons-nous sérieusement, oui ou non?

D'Estourdy, *venant parlementer devant le trou du souffleur*. — Je t'assure que madame m'a chatouillé... je ne peux pas m'empêcher de crier et de rire quand on me chatouille!...

Solange, *arrivant à côté de d'Estourdy*. — Ce n'est pas ma faute, on n'a rien de ce qu'il faut... je dois lui boutonner ses guêtres, je lui avais dit d'avoir les guêtres pour répéter... naturellement il ne les a pas... alors, comme je ne savais quelle contenance prendre au lever du rideau, il m'a dit : « Ayez l'air de boutonner, faites comme si vous boutonniez les guêtres... », et moi j'ai eu l'air...

— Oui, mais trop doucement... ça m'a chatouillé...

Folleuil, *résigné*. — Y sommes-nous?

D'Estourdy, *jouant*. — « Viens m'embrasser, Martine... »

Solange, *jouant*. — « Je crois bien que j'y vas ! » (*Elle s'avance lentement.*)

D'Estourdy. — Ah! mais il faut y mettre plus de... plus d'empressement que ça...

Solange. — C'est bon, c'est bon, à la représentation; il ne faut pas se dépenser d'avance...

D'Estourdy, *jouant*. — « A la bonne heure, c'est la de l'amour ! » (*Parlant.*) Eh bien, la pipe ? où est-elle, la pipe ?

Folleuil. — Ah ! elle est oubliée probablement ! (*Sortant à moitié du trou.*) Madame la duchesse, pourriez-vous nous faire donner une pipe ?...

La Duchesse. — Mais, mes enfants, où voulez-vous que je prenne une pipe, moi ? Si vous m'aviez prévenue, j'en aurais acheté une ; mais vous comprenez bien que je n'en ai pas.

D'Estourdy, *accroupi devant le trou du souffleur, parlant bas à Folleuil*. — Mais il faut absolument une pipe pour cet acte. Fais-en donner une à un des domestiques.

— Impossible ! d'abord, tu comprends, ça ouvrirait des horizons à la duchesse... ensuite ça révolterait ces dames...

— Mais, puisqu'il n'y a que moi qui m'en sers...

— Mais si, la vicomtesse aussi est obligée de la toucher, tu sais bien, quand elle dit: « Sa pipe, tiens, mon garçon, porte-lui sa pipe... » et qu'elle la regarde amoureusement; comment veux-tu qu'elle regarde amoureusement la pipe du domestique, voyons, là ?

— C'est vrai. (*Haut.*) Nous remplacerons la pipe par n'importe quoi... Une petite cuiller, par exemple, et la première fois, j'apporterai la mienne.

Suzanne, *paraissant brusquement au fond.* — La vôtre? vous fumez la pipe, vous?

D'Estourdy, *embarrassé.* — Jamais!... seulement, j'en ai de très jolies... comme bibelots... simplement...

Folleuil, *à part.* — Tiens! tiens! tiens! (*Haut.*) Pardon, madame, voulez-vous avoir la bonté de ne pas entrer en scène, lorsque vous avez quelque chose à dire... Vous pourriez même aller vous asseoir dans la salle, puisque vous n'êtes pas de l'acte. Allons, reprenons!

D'Estourdy, *jouant.* « Viens m'embrasser, Georgette. » (*Françoise s'avance gaiement et l'embrasse timidement.*)

Folleuil. — Allons donc, un peu d'entrain! Un peu de chaleur! Embrasse-la mieux que ça. Prends-lui la tête.

Le baron. — C'est vrai! Dupuis prenait la tête de Bode et l'embrassait d'une force...! Ce que ça me vexait les premiers jours... (*Rires. Le baron se rend compte qu'il vient d'avoir une distraction.*)

Folleuil. — Si les spectateurs entament une conversation avec les acteurs, j'aime mieux m'en aller. (*A d'Estourdy*). Je te dis de lui prendre la tête et de jouer avec plus d'entrain.

D'Estourdy. — Si on croit que c'est facile

d'embrasser comme ça quelqu'un... devant tout le monde... sans avoir l'air très bête... (*A Françoise.*) Ah! si nous étions tous les deux, allez! je vous la prendrais bien, la tête...

Folleuil, *énervé*. — Je vous ferai observer que nous avons mis quarante-cinq minutes à répéter une scène et demie ; en tout, cinquante-deux lignes ; si cela continue ainsi...

— Non, voyons, on va répéter rondement.

— Je ne demande pas mieux.

(*On reprend.*)

D'Estourdy, *jouant*. — « Vous n'êtes pas comme ça, vous deux... hé ?... (*Françoise et Solange viennent à lui en trébuchant.*)

Folleuil. — Il faudra, mesdames, surveiller votre manière de marcher. Vous qui marchez si bien, vous n'avez pas fait un pas convenablement depuis que vous êtes là.

Solange. — Ce sont ces jupes longues qui nous font marcher mal; quand nous aurons nos costumes courts...

Françoise. — Nous aurions dû les mettre pour répéter. Vous n'avez pas idée, Folleuil, à quel point il est difficile de se mouvoir dans nos grands jupons...

Folleuil, *grognon*. — Vos jupons... Je ne puis pas entrer là dedans, moi !...

Suzanne, *de sa place*. — Oh!! si Folleuil dit des choses pornographiques à présent!...

Folleuil, *crispé*. — « Pornographiques »? moi! qu'est-ce que j'ai dit?

Françoise et Solange relèvent leurs jupes très haut, avec des épingles...

Folleuil. — Vous arrangerez cela une autre fois, j'ai fait une observation que je croyais devoir faire; vous me dites que, habillées autrement, vous marcherez autrement; tant mieux! je vous crois; continuons!

Solange, *jouant*. — « Regarde-moi cette toilette... Regarde-moi donc ça... cette robe, ces jupons, ces bas... »

Françoise, *jouant*. — « Et ces souliers... t'as pas vu les souliers?... »

Solange, *cherchant sa réplique*. — « Oui... oui... » (*A Folleuil*.) Mais souffle- donc, vous n'envoyez pas le mot... Eh bien... mais qu'avez-vous donc? (*Criant*.) Folleuil?

Folleuil, *sursautant*. — Ah! pardon, je vous demande mille pardons... c'est que... voyez-vous, je n'y étais pas du tout... vous avez des jambes... oh! mais des jambes, c'est magnifique! et la comtesse aussi!...

Suzanne. — Ah bien! si Folleuil fait du sentiment, à présent, au lieu de souffler...

Le prince. — Elle appelle ça « du sentiment »,
elle est adorable !

Suzanne. — Dame! qu'est-ce?

Folleuil. — C'est heureux tout de même que
vous ayez retroussé vos jupes aujourd'hui, parce
que, si samedi j'avais vu tout ça... pour la première fois... j'aurais perdu la tête comme aujourd'hui...

D'Estourdy, *agacé, passant sa tête au fond.*—
Ne retardez pas trop mon entrée, si c'est possible,
je sais ma grande scène dans ce moment-ci, tout à
l'heure je ne saurai peut-être plus.

— Voilà! voilà! dans un instant...

D'Estourdy fait son entrée, Geneviève tombe
dans ses bras.

Folleuil. — Voyons, allez-y franchement, de
l'élan; la brochure porte : « Embrassements, transports. » Il faut respecter le texte; allons, un peu
d'entrain, mettez-y chacun du vôtre...

La duchesse. — Mais je n'ai jamais vu une
pièce où on s'embrasse tant que ça.

Folleuil. — Mais non, mais non, madame la
duchesse... ça fait cet effet-là... au premier abord...
mais, au contraire... c'est étonnant comme on s'embrasse peu... en y réfléchissant bien...

La duchesse se tait. Il n'est plus temps ; la pièce
est sue, c'est-à-dire sue... si l'on veut; mais enfin

elle est apprise. C'est égal, une autre fois, elle lira avant.

D'Estourdy, *jouant agenouillé aux pieds de Geneviève.* — « My little marchioness ! »

Geneviève. — « Darling! darling! »

D'Estourdy. — « For ever, n'est-ce pas? for ever?... »

Geneviève. — « Oh! yes... yours, yours for ever... and nothing can prevent me being yours... »

Folleuil. — Arrêtez, arrêtez, il n'y a pas moyen de vous laisser prononcer ainsi, c'est épouvantable...

Geneviève. — Indiquez-moi, Folleuil, je répéterai... moi je ne sais prononcer en anglais que : « I love you... »

Folleuil. — Pourquoi ça plutôt qu'autre chose?...

D'Estourdy. — C'est moi qui le dis à ma réplique, on pourrait changer peut-être?...

Folleuil. — On verra ça après. Continuons; attention ! c'est la scène capitale.

A partir de là, l'acte marche à peu près. Geneviève est très drôle et d'Estourdy pas mauvais du tout.

Les spectateurs sont enchantés. La duchesse, qui n'a jamais vu *la Petite marquise*, finit par s'amuser extrêmement; le prince affirme que la pièce se présente ainsi sous son véritable aspect, tandis qu'aux Variétés le vicomte de Boisgommeux et Henriette de Kergazon étaient toujours le cocher et la femme de chambre des *Sonnettes;* l'illusion n'existait pas.

Lablague raconte à la marquise douairière qu'il a vu dans les journaux qu'on allait reprendre le « machin » qu'elle voulait leur faire jouer au lieu de *la Petite marquise.*

— Quel « machin? »

— Vous savez bien... de Balzac... On le reprendra à l'Ambigu, avec Fargueil...

La douairière répond d'un air pincé que ce « machin » qui s'appelle *la Marâtre* est une œuvre admirable. Lablague proteste qu'il n'en a jamais douté.

Folleuil cherche à faire cesser les conversations et demande qu'on dépêche le trois, lorsque d'Estourdy a l'idée de regarder à sa montre; il est sept heures, il n'y faut pas songer. On se prépare à partir. Où donc est Arlette? elle n'est pas dans la galerie. On cherche partout du côté du feu, on appelle ; enfin, une voix éloignée, partant du jardin d'hiver, répond : « On y va », et on trouve Arlette pelotonnée en boule sur un coussin qu'elle a emporté, et installée sous le gros tuyau d'eau bouillante qui chauffe la serre. Elle quitte à grand'peine ce coin, où elle était parvenue à se réchauffer complètement. Elle offre d'emmener trois personnes dans son coupé, si ça peut l'empêcher d'avoir froid.

Folleuil supplie qu'on travaille sérieusement jusqu'au lendemain ; qu'on se rende compte, chez soi, des jeux de scène, des mouvements, etc., afin de n'avoir plus qu'à assembler à la répétition qui sera probablement la dernière. On commencera par le trois et on reprendra ensuite le tout. Il faut être arrivé à une heure précise; cette fois, c'est jeudi, il n'y a pas de cours de M. Cœur.

III

LA REPRÉSENTATION

Dans les coulisses, grande agitation et désordre immense. Suzanne est au désespoir, elle a perdu son pot de rouge, et sa femme de chambre accuse le valet de chambre de d'Estourdy de l'avoir emporté pour son maître. Solange a des sabots qui lui font mal, surtout lorsqu'elle ne remue pas; alors elle fait les cent pas au milieu de tout le monde. Folleuil recommande le calme, et, pour rassurer les acteurs, il leur explique comme quoi il faut être merveilleux, afin de paraître simplement passables au public toujours malveillant pour les amateurs. Suzanne lui répond qu'il n'a pas besoin de se monter la tête et de donner des conseils, attendu qu'elle n'entrera pas en scène si elle ne retrouve pas son rouge. Folleuil, consterné, se met à la recherche du pot qu'il finit par retrouver dans la carnassière qui sert à d'Estourdy au deux.

De tous côtés partent des questions :

— Est-ce qu'il y a déjà beaucoup de monde ?

— Y a-t-il de jolies toilettes, Folleuil ?

— Avons-nous une jolie salle ?

— A quelle heure commence-t-on, décidément ?

D'Estourdy, qui est allé regarder au rideau, dit qu'on a placé les femmes par rang d'âge, en commençant par les plus respectables, de sorte que les trois premiers rangs de fauteuils sont quelque chose d'épouvantable à voir.

Folleuil affirme que c'est très heureux, parce qu'au moins on n'aura pas de distractions de ce côté-là.

Dans la salle, on s'impatiente un peu ; poliment, intérieurement, bien entendu ; mais cette impatience contenue promet peu de bienveillance pour les acteurs.

— Ils sont très jolis, ces programmes !

— Oui ; c'est probablement tout ce qu'il y aura de joli.

— Pourquoi cela ?

— Dame ! vous comprenez que *la Petite marquise* jouée par d'Estourdy et par Suzanne...

— Comment ! c'est la baronne qui joue *la Petite marquise ?*

— Non, mais enfin, elle joue la femme de chambre, et ça sera curieux...

— On dit que c'est Folleuil qui lui a appris son rôle, avec un soin tout particulier...

— Eh bien, mais elle le sait, alors !

— Il faut l'espérer, car si l'on en croit les racontars de... coulisses, les répétitions étaient longues... longues... et fréquentes...

— Taisez-vous donc, vous ne pouvez ouvrir la bouche sans dire une méchanceté.

— C'est très bizarre : Folleuil, qui a tant d'humour et d'esprit, a toujours eu un faible pour les femmes bêtes !

Le prince de Grenelle fait doucement observer qu'il est des cas où la bêtise peut devenir sublime.

— Enfin, il est onze heures bientôt, c'est ennuyeux d'être cloué comme ça à la même place à rien faire...

— Eh bien, et notre conversation ? est-ce qu'elle n'est pas agréable, notre conversation ? Vous n'êtes guère gentille !

Le rideau se lève au milieu d'un tapage énorme; quelques petites conversations continuent à demi-voix.

Une jeune femme et un jeune homme, dans un coin, au dernier rang :

— Ainsi, vous ne voulez pas ?
— Non.
— Pourquoi ?
— Parce que.
— Mais sapristi, ça n'est pas répondre ça ; donnez-moi, au moins, une raison.
— Il y en aurait trop à donner, et puis, taisez-vous, vous m'empêchez d'entendre la pièce.
— Avec ça que quelqu'un l'écoute, la pièce ! regardez, tout le monde parle.

Dans une embrasure de porte, deux gros messieurs :

— Enfin, mon cher, les affaires sont les affaires, il faut faire ça convenablement ou ne pas s'en mêler, que diable !
— Vous avez parfaitement raison, il ne s'en doute pas ; ainsi, hier, à deux heures, je lui ai demandé les cours, il ne les savait pas...

Il est du reste avantageux pour les acteurs que chacun cause de ses petites affaires, car, quand c'est d'eux qu'on s'occupe, les observations ne sont pas aimables.

— A-t-il l'air assez bête, ce pauvre baron !
— C'est dans le rôle, il est sourd !
— Je ne dis pas le contraire, mais vous m'avouerez que, quand ça n'y serait pas, ça reviendrait au même...

— Et Lablague donc? Ils lui en veulent qu'ils lui font jouer un pareil rôle?

— Je croyais que c'était le prince qui devait jouer Kergazon.

— D'abord, mais ensuite il n'a plus voulu.

— Il a bien fait!

— On a tant d'occasions naturelles et imprévues d'être ridicule, je ne comprends pas qu'on les fasse naître exprès...

— Naître quoi?

— Mais, les occasions!

— Ah! oui. Eh bien, le baron n'a pas à s'inquiéter de ça... Elles naissent sous ses pas...

— Prenez donc garde, madame de X... va vous entendre.

— Eh bien?

— Le baron, c'est son frère.

— Dame, ce n'est pas ma faute ça!

— Et Geneviève, comment la trouvez-vous?

— Comme toujours.

— C'est-à-dire?...

— C'est-à-dire bonne enfant et pas laide.

— Ah! voici Suzanne! Oh! elle est en beauté ce soir.

— C'est vrai; du reste, il est impossible de rêver une plus jolie femme que la baronne.

— Vous appelez ça une femme, moi j'appelle ça une oie.

— Oh ! ! !

— Mais elle est si gentille, si pleine de laisser aller...

— Oh ! quant à ce qui est du laisser aller, il n'y en a pas deux comme elle... je suis tout à fait de votre avis...

— Vous êtes vraiment trop méchant, vous interprétez tout ce qu'on dit de travers...

— C'est-à-dire que je suis au contraire le seul qui interprète droit, dans ce cas-là...

— Il a tout de même une rude chance de jouer ce rôle-là, avec la baronne, cet animal de Lablague ! Il la prend sur ses genoux, il la serre, il la tripote.

— C'est bizarre que cette perspective n'ait pas décidé le prince à conserver son rôle...

— On dit que c'est précisément parce que... (*La fin de la phrase est dite à voix basse.*)

— Oh ! ! !

— Ah ! c'est comme ça !

— Vous m'étonnez extrêmement.

— Enfin, cette pièce de laquelle on parlait tant est plus que médiocre, ce n'était pas la peine d'annoncer des merveilles et de mettre deux mois à préparer ça.

— Imaginez-vous que Suzanne s'était fourré dans la tête de chanter un couplet... Oui, Folleuil s'étant amusé à lui dire qu'elle a une jolie voix, elle avait l'idée fixe de chanter et elle voulait aller trouver Meilhac pour lui en demander un ; on a eu toutes les peines du monde à l'en empêcher.

— Ah! le rideau! c'est pas malheureux! on va donc pouvoir parler...

— Dame! il me semble que nous ne faisons pas autre chose.

— Oui, mais haut! Quel bonheur de parler haut! moi, ça me fait mal à la gorge de parler bas.

Dans les coulisses. Tout le monde est enchanté. L'acte a marché à merveille : excepté une distraction de Suzanne et un manque de mémoire du baron, il n'y a pas eu le moindre accroc. Folleuil lui-même est assez satisfait. Certes, il ne s'attendait pas à ce résultat.

Suzanne surtout est rayonnante, elle a si bien « dit »!

— N'est-ce pas, Folleuil, que j'ai bien dit?

— Oui, oui, sans doute.

— Certainement, mon rôle n'est pas long, mais il a son importance, il faut qu'il soit détaillé de certaine façon...

— Vous l'avez... détaillé à merveille...

— Pour quelqu'un qui n'a pas l'habitude des

planches, je ne m'en suis pas trop mal tirée...

— Oh! sans moi, vous restiez bien en plan, c'est moi qui vous ai envoyé le mot à temps, hein?

— Il me semble que vous étiez là pour ça, c'est l'affaire du souffleur...

— C'est juste, je ne dis pas le contraire, mais écoutez...

Folleuil entraîne Suzanne dans le jardin d'hiver, elle résiste faiblement.

— Eh bien! voyons, que j'écoute, quoi?

— Le rappel de nos conventions : vous m'avez dit chez vous, avant-hier, à sept heures moins vingt minutes, lorsque j'étais à genoux à terre devant vous...

— Sur le coussin de peluche...

— Sur le coussin de peluche; donc vous m'avez dit : « Folleuil, si, à la représentation, vous faites en sorte que je ne patauge pas, si vous me soufflez gentiment, en ami, plutôt qu'en souffleur, je verrai à vous accorder ce que vous me demandez. » Voyons, est-ce vrai, m'avez-vous dit ça, oui ou non?

— Je reconnais que je l'ai dit.

— Eh bien?

— Mais ce n'est pas du tout une raison pour le faire.

— Ah! c'est comme ça, eh bien! vous allez voir! Vous revenez au dernier acte?

— Oh! deux mots à dire...

— Oui, mais ces deux mots-là, vous n'êtes pas capable de les dire toute seule; eh bien! je ne desserrerai pas les dents, moi, vous verrez ça.

— Oh! Folleuil!!!

— Il n'y a pas de « Oh! Folleuil! » Donnant donnant, voilà comme je suis, moi.

— Enfin, je ne puis pourtant pas...

— Avec ça que ça vous gêne!...

— Vous êtes insolent, Folleuil!

— Ça m'a toujours réussi. Que décidez-vous, chère madame?

— Nous verrons ça... Tenez, tout le monde nous cherche.

— Eh bien! qu'on nous cherche, je m'en fiche pas mal!...

— Mais vous êtes fou, voyons, Folleuil...

— Je veux... ce que vous m'avez promis, là.

— J'ai pourtant été gentille pour vous aux répétitions...

— Certainement, je ne dis pas que je n'aie reçu quelques... acomptes sur le prix convenu, mais... Ah! les voilà tous à présent!!! sont-ils assez odieux.

En effet, tous se sont mis à la recherche de Folleuil, il est indispensable, on ne peut commencer le deux sans lui. On pousse des cris de joie en l'apercevant. « Hip! hip! hourra! vive Folleuil!! » Folleuil est extrêmement vexé, et c'est en grommelant, et d'une humeur massacrante, qu'il s'introduit dans sa niche; le début de l'acte s'en ressent un peu.

Solange et Françoise qui jouent Martine et Georgette n'embrassant pas d'Estourdy avec assez d'entrain, Folleuil, pour leur faire signe d'animer davantage le jeu de scène, fait... Csss... csss... csss, espérant être compris... Personne ne comprend et les trois acteurs s'arrêtent court. (*Froid.*)

La salle n'est pas précisément houleuse, parce que le public est composé généralement de gens bien élevés, mais très peu de spectateurs écoutent, et parmi ceux-là, il en est qui rient de ce rire silencieux et pointu qui n'est rien moins qu'aimable pour ceux qui le provoquent. Solange, ordinairement si belle, ne porte pas du tout bien le costume court. Ses sabots qui lui font mal défigurent sa marche; elle a voulu avoir un très joli pied malgré les sabots, et n'a réussi qu'à avoir le pied visiblement étranglé. Un petit bourrelet de chair paraît au-dessus de la barrette, et les doigts marquent au bout du pied. D'Estourdy, embarrassé de se livrer en public à des effusions de tendresse envers ces

dames, est gêné et gauche, il joue absolument faux.
Les réflexions vont leur train.

— Est-ce assez raté, hein ?

— Il est de fait que c'est pâle...

— Voir ça, lorsqu'on s'attendait à des merveilles !...

— Aussi, pourquoi diable s'attendait-on à des merveilles ? je ne m'explique pas très bien cela...

— Mais, je ne sais pas... on disait...

— Elle n'est pas à son avantage en paysanne, Solange!

— Non, mais comme on n'est pas destiné à la voir souvent ainsi...

— En revanche, Françoise est superbe !

— Oui, mais elle dit avec trop de simplicité, comme une petite fille qui joue les comédies du couvent.

— C'est d'Estourdy qui est grotesque entre ces deux ravissantes femmes, il a l'air de ne pas oser les toucher.

— Il est de fait que si j'étais à sa place...

— Et moi donc !...

— Oh ! mon Dieu, en cas pareil, on ne sait jamais comment on s'en tirerait soi-même...

— Comment ?... comment ?...

— Eh oui, devant trois cents personnes qui vous

dévorent des yeux, on ne sait comment s'y prendre...

— Dites donc, il me semble que ça ne marche plus du tout ?...

— D'Estourdy darde des yeux furibonds sur la loge qui abrite Folleuil.

— Encore un métier de passer sa soirée là dedans !... C'est pas possible que Folleuil ait accepté une pareille corvée, uniquement pour faire plaisir à la duchesse ; il doit avoir un motif secret, bien sûr ?...

— J'ai peur qu'on ne s'aperçoive en scène que nous n'écoutons pas...

— Par exemple ! on n'aurait plus le droit de parler quand on vient vous assommer pendant trois heures de suite ! Ça serait raide ! s'il fallait encore écouter...

— Nous pourrions parler moins ostensiblement...

— Pas du tout ! c'est notre droit, il faut l'affirmer...

— Enfin, ils jouent cependant très gentiment cette scène...

— Elle est tellement drôle, ils ne peuvent pas faire autrement... Et encore d'Estourdy dit bien mal : « Il n'a pas voulu de ça, le sage législateur. » Vous rappelez-vous comme Dupuis disait ça ?

— On ne peut pas demander aux gens du monde de...

— Mais alors qu'ils ne jouent pas la comédie, les gens du monde, sac à papier! qui est-ce qui le leur demande? ce n'est pas moi, toujours...

— Vous êtes très, très sévère...

— Je suis juste, chère madame, voilà tout.

— Moi, je trouve que, quel que soit le résultat, il faut toujours savoir gré aux gens qui se donnent la peine de chercher à nous amuser.

— Vous amuser??... bon Dieu! êtes-vous assez naïve de croire ainsi les choses invraisemblables? mais c'est pour s'amuser « eux » qu'ils font tout cela; pour se produire, attirer l'attention. Ah! que vous connaissez peu le monde! Vous amuser? ah bien, ouiche! ils s'en soucient bien!

— Pas si haut, on va vous entendre...

— Tant pis! ça fera qu'une autre fois cette excellente duchesse, qui elle, croit nous amuser, nous donnera tout bêtement un joli bal et un bon petit souper bien gai ensuite...

— Mais on va l'avoir, le souper...

— Oui, mais quand on a été obligé d'avaler des choses pareilles avant, on n'a plus faim... Ah çà! il ne finira donc pas cet acte?...

— Mais si, mais si, voilà le rideau.

— Ah! merci, mon Dieu!

Dans les coulisses, l'impression continue à être bonne. D'Estourdy et Geneviève n'ont vraiment pas mal joué du tout et ils s'en rendent compte. Solange et Françoise ont été plus ternes, mais elles sont tellement jolies que ça fait passer sur un tas de choses; elles le savent très bien et sont absolument rassurées sur l'impression produite. Seul, Folleuil ne prend pas part à l'allégresse générale; il est sombre et agacé, et répond à peine aux nombreuses questions qui lui sont adressées...

— N'est-ce pas, Folleuil, que j'ai bien dit en menaçant Françoise : « Toi, tout à l'heure, je ne te dis que ça » ?...

— Et notre grande scène, Folleuil ? ça a bien marché, j'espère ?... je suis certain qu'ils doivent être étonnés dans la salle.

— Et mon anglais, je l'ai bien prononcé cette fois; ah! ça n'a pas été sans peine, allez, ça m'a donné plus de peine que tout le reste du rôle.

— Qu'est-ce que vous avez donc, Folleuil ?

— Moi, rien du tout, qu'est-ce que vous voulez que j'aie ?...

— Si je le savais, je ne vous le demanderais pas...

Folleuil est extrêmement inquiet. Tous ses petits projets croulent ce soir devant la résistance inattendue de Suzanne. Comment, il aurait été lui seriner son bout de rôle... comme ça pour rien... ah! non, ça serait trop bête. De plus, la satisfaction des acteurs le crispe, il ne croit pas que dans la salle on soit si enchanté que cela, il est agacé d'avoir organisé quelque chose qui rate...

Cependant Suzanne s'approche de lui, gentiment, câlinement, elle se penche, le regarde en riant et lui parle bas. Folleuil est ravi, il revoit tout en rose, et il félicite les acteurs de la remarquable façon dont ils ont « enlevé » la pièce.

Geneviève fait timidement remarquer que les applaudissements ont été plus que modérés.

— C'est vrai, à quoi cela tient-il ?

Folleuil répond que s'ils ne sont pas satisfaits, c'est qu'ils sont trop abrutis pour comprendre. Cette conclusion suffit à calmer le vague soupçon que la réflexion de Geneviève a fait naître dans les esprits et le trois commence joyeusement.

Cette fois, dans la salle, on bâille carrément, sans se gêner. Il est une heure et demie, on peut mettre ça sur le compte de la faim. On continue néanmoins, entre deux bâillements, à déchirer à belles dents les acteurs.

— Ce pauvre d'Estourdy est complètement mauvais.

— Oh oui ! ! !

— Et le baron donc?

— Et Lablague?

— Eh bien, et les femmes donc ? vous oubliez les femmes ?...

— Je ne les oublie pas, je n'en disais rien, par... courtoisie...

— Je suis convaincu qu'ils sont tous enchantés d'eux-mêmes...

— Parbleu! il est facile de voir qu'ils se gobent à qui mieux mieux...

— C'est une belle chose que les illusions !

— Et dire que tout à l'heure il va falloir les complimenter... Il n'y a pas, il faut absolument trouver quelque chose à leur dire...

— Ça sera dur.

— Oh! mon Dieu! on s'en tire encore. Aux femmes on dit : « Impossible d'être plus charmante! » Aux hommes : « Mon cher, on n'est pas meilleur, » et c'est fait.

— C'est tout de même embêtant d'être obligé de remercier des gens qui vous ont fait rager toute une soirée...

— Quelle veine, c'est fini !

— Oui, c'est un joli four !!!

— Oh ! pour un four, c'en est un !!!

Cette fois on applaudit de bon cœur, on est vraiment content.

Dans les coulisses, gaieté folle. On est ravi, parce que c'est fini, d'abord; ensuite, parce que ça a vraiment marché à merveille. « Que dit-on dans la salle? Et la duchesse est-elle satisfaite? Le public semblait empoigné. Il est certain que rien n'a cloché. » On remercie Folleuil qui a tout dirigé, et on se promet de recommencer prochainement, puisque cela fait plaisir à cette bonne duchesse et que cela amuse ses invités.

Folleuil accepte les félicitations, il est tout à fait de bonne humeur. Suzanne sait pourquoi.

FIN

TABLE

CE QUE FEMME VEUT...?	1
LE GARDENIA	19
VARIATIONS	45
POUR LES PAUVRES S'IL VOUS PLAIT!.	57
L'EFFET QU'ON CROIT FAIRE	71
L'ŒIL AU BOIS	99
L'HOMME REMARQUABLE	113
MESSIEURS LES MILITAIRES	131
MANIAQUES ET ABRUTIS	147
TECHNIQUES, FANATIQUES ET IGNORANTS	159
UN DINER	173
CE QU'ILS DISENT LES UNS DES AUTRES	191
UNE OUVERTURE	213
CE QUE COUTE UN ÉQUIPAGE	237
LE JOUR DU GRAND PRIX	243
CHEVAUX ET VOITURES A VENDRE	267
COMÉDIENS DE CHATEAU	281

ÉMILE COLIN — IMPRIMERIE DE LAGNY

www.ingramcontent.com/pod-product-compliance
Lightning Source LLC
Chambersburg PA
CBHW072013150426
43194CB00008B/1091